Extraict d'ên registre des Chartres
de la Comté d'Artois en 1649

Arnoul Comte de guines Eut Et Maria trois filles
la 1re au Sr de basoches, la 2e au Sr de faillonel
ces deux Mouvvent sans hoirs, Et la 3e au
Sr de Malines En brabant.

acte

Lettres passée sous le seel du bailliage de
St Omer L'an 1271. 20. mars, Par lesquelles
Arnoul Comte de guines dit avoir donné
En Mariage en prisée huit cent livres
Mavisia de terre a alips sa 3e fille
aue Monsr vvautier Bertault son baron
aisné fils de Bauhier Bertault 5. Chevalier
sieur de Malines en brabant, Et
six sept cent quavaute cinq Mesures
de son bois de touvnesey a prendre au Nort.

Ils euvent vne fille Nomée Jeanne qui fut
Mariée a Jean de brienne Comte d'eu fils
de Jean Et beatrix; Et petit fils d'Alphonse.

Hist. de du Chesne En Chastillon L. 3. C. 8. f. 98

La Corie
Chast. d'eu   Jean de brienne Comte d'Eu, fils d'alphonse
de brienne 1er Chambellan du Roy St Louis 9e
Et de Marie d'Issoudun de la Maison de
Lusignan, Comtesse d'Eu, Et petit fils de
Jean Roy de Jerusalem Et Emp. de Constantinople
Espousa beatrix fille au Comte de St paul

Laquelle en ce temps estoit tenue pour la
plus belle dame de France, ils eurent
ensemble un fils et deux filles.

 125. La Cronique de l'Abbaye de Foucarmont
fondée par les anciens Comtes d'Eu, contient
un notable éloge de ceste Beatrix.
Jean, dit-il, fils Alphonse de Brienne
Comte d'Eu fut marié à une moult
noble dame nommée Beatrix de St Paul
fille au Comte de St Paul, laquelle estoit
tenue pour la plus belle dame qui fut
en France, fors de tant qu'elle avoit
très grand sein, et n'eut esté ce, on dit
qu'elle eut esté femme de Philipe le Biau
Roy de France, Elle s'aima moult en la
Comté d'Eu, et y fist moult de grans biens
et fist faire a Foucareuille un moult
noble Manoir; Ledits Jean et Beatrix
eurent un fils nommé Jean et deux filles
l'une mariée Isabeau de Dompierre au
seigneur de Piqueny et Dompierre. En la
ziuicee de Fontenu assez près d'Abbeville
en Ponthieu, l'autre fut marquelinne de
Thouars mariée au vicomte de Thouars
en 1281. Jean

Jean de Brienne Comte d'Eu espousa
Jeanne de Guisnes fille de Bertaut C.
Seigneur de Malines et Brabant et
Comte de Guisnes par sa femme. Il
fut tué en la bataille de Courtray en
1302. Laissant a sa femme un fille nommé
Raoul qui fut Comte d'Eu et de Guisnes.

Extrait des arrestz du parlem.t de France.
Nous Jeanne Comtesse d'Eu et de Guisnes besué
faisons scauoir a tous &c. que comme au temps
de Claire Mémoire Philippe 4.e de ce Nom
par la grace de Dieu Roy de France, père
de nostre tres chel Seigneur Philippe 4.
par cele grace mesme, ouenbzon Roy de
France et de Navarre, entre nostre tres chel
Seigneur et Mavy adouc Jean jadis Comte
d'Eu et de Guisnes et Nous Jeanne desusdite
d'une part, et le bailly d'Amiens pour nostredit
Seigneur Philippe, adonc Roy de France, pour
cause des Maretz, qui sont appellés les marez
de Guisnes, question et plaidz fussent Meus &c
ce fut faict a Paris le 23.e jour de juillet
Mil trois cens vingt et un.

Madame Jeanne de Guisnes garda moult longtemps
la Comté d'Eu a Raoul son fils, car il estoit bien
jeune enfant quand son père mourut. Lad.e Dame
de Guisnes trespassa au Comté d'Eu en son Manoir
de quareuille l'an 1331.

Brienne porte d'azur, au Lion d'or, L'Escu
semé de billettes d'or Masmes
Qui est aussy, L'Escu des Comtes d'Eu
Guisnes porte ... d'or, Et d'azur.

En L'an 928. Les Danois sous la conduite de
Sifuid leur Chef s'emparerent de la Coste
maritime des Morimiens, (C'est le pays de
Therouane Boulongne et Calais, prirent une
petite ville dite Guisnes qu'ils fortifierent
d'un double fossé, contre Avnoul Comte de
Flandre lequel fut obligé de faire la paix
a condition que led. Sifuid aurevoir tou...
lad. ville et son territoire a foy et
homage de luy ... in 929. Sifuid enleva
Elstrude fille du Comte Avnoul et l'espou...
pourquoy il eut un guarre, en laquelle
Sifuid estant vaincu il s'estrangla et
laissa sa femme Elstrude enceinte
d'Adolphe qui fut Comte de Guisnes
Espousa Matilde seule fille d'Heremicles
Comte de Boulongne. En 956, auquel
temps Guisnes fut érigée en Comté par
Avnoul le Jeune confirmant Adolphe
En sa Jouissance, Comme Retenaut de luy
des Comtes de Boulongne et de Guisnes.

fin

COVSTVMES
DE LA VILLE DE
CALAIS ET PAYS RE-
CONQUIS MISES ET REDI-
gees par escrit, arrestees & publiees
en presence des gens des trois
Estats de ladicte Ville
& pays par les Com-
missaires à ce de-
putez par le
Roy.

auec les apostilles de Mons.r Du Flos procureur 1649.

A CALAIS,

Pour Abraham le Maire Libraire demeurant
sur le Marché 1630.

RVBRICHES DES
PRESENTES COVSTVMES.

COVSTVMES
DE LA VILLE, DE
CALAIS, ET PAYS RECONQVIS MISES
& redigees par escrit, arrestees & publiees, en presence des gens des
trois Estats de ladicte ville & pays susdit, par les Commissaires à
ces deputez par le Roy.

De la nature & Condition
DES BIENS.

ARTICLE PREMIERE.

N la ville de Calais & Pays reconquis, il
y a deux sortes & especes de biens seulement : C'est à sçauoir Meubles & Immeubles. Et quant aux droits, noms, rai-
sons, & actions, ils sont censez & reputez
Meubles, ou Immeubles, selon qu'ils
tendent à chose mobiliaire ou immobiliaire.

II.

CEDVLES & obligations faictes pour sommes de deniers, marchandises ou autres choses mobiliaires, sont cen-
seez & reputés Meubles.

III.

NAVIRES, Chalouppe, Barques, & Bateaux, & pareillement v tensiles d'hostel qui se peuuent transporter sans fra

A &ction

êtion & deterioration, font reputez Meubles: Mais fi lefdits
vtenfiles tiennent a fer ou a clou, ou font fcellez en plaftre,&
mis pour perpetuelle demeure, & ne peuuent eftre tranfportez fans fraction & diterioration, font cenfez & reputez Immeubles: comme Moulin a vent & a eaue, Toreilles, Chau-
dieres, Bacq,& Cuues de brafferie, font reputez immeubles,
quand ne peuuent eftre oftez fans defpecer ou defaffembler:
Autrement font reputez Meubles,

IIII.

POISSON eftant en eftang ou en foffe, eft reputé Immeuble: Mais quand il eft en boutique ou referuoir, eft reputé Meuble,

V.

BOIS couppé, bled, foin, ou grain foyé, ou fauché, fuppofé qu'il foit encore fur le champ & non tranfporté, eft reputé Meuble: mais quand il eft fur le pied & pendent par racine,
eft reputé Immeuble.

VI.

SOMME de deniers donnee par pere, mere, ayeul, ayeule, ou autres afcendans, a leurs enfans en contemplation de
mariage, pour eftre employee, en achapt d'heritages, encore
qu'elle n'ait efté employee, eft reputee Immeuble, a caufe de
la deftination.

VII.

DOVAIRE d'vne fomme de deniers pour vne fois
payer, venu aux enfans, eft reputé Mobilier, & pert la nature
de douaire, & y fuccedent les plus proches heritiers mobiliers

VIII.

RENTES conftituees a pris d'argent, font reputez Immeubles, iufques a ce qu'elles foient rachetees. Toutesfois au
cas que celles qui appartiennent a mineurs foient rachetees
pendant leur minorité, les deniers du rachapt, ou le remploy
d'iceux en autre rentes & heritages, font cenfez de mefme nature & qualité d'Immeubles, qu'eftoient les rentes ainfi rachetees:

chetees: pour retourner aux parens du coſté & ligne dont leſdictes rentes eſtoient procedees.

IX.

OFFICE venal eſt reputé Immeuble, & a ſuite par hypoteque, quand il eſt ſaiſy ſur le debteur par auctorite de Iuſtice
auparauant reſignation admiſe, & prouiſion faicte au proufit
d'vn tiers. & peut eſtre crié & adiugé par decret. Et toutesfois
les deniers prouenans de l'adiudication ſons ſubiets a côtribu-
tions, comme Meubles, entre les creanciers oppoſans, qui
viennent pour ce regaid a deconfiture au ſol la liure.

X.

TOVTES donations entre vifs ou teſtamentaires, ſont
cenſes & reputees acqueſts aux donataires ou legataires. Toutesfois les heritages & rentes donnez par pere, mere, ayeul,
ayeule, ou par autre, a leur heritier preſumptif & apparant,
ſont reputez propres aux donnataires.

De Fiefs & Cenſiues.

XI.

LE Seigneur feodal par faute d'homme, droicts & deuoirs non faits & non payez, peut mettre en ſa main le
fief mouuant de luy, iceluy fief exploicter en pure per-
te, & faire les fruicts ſiens pendant la main miſe, a la charge,
d'en vſer par luy comme vn bon pere de famille.

XII.

QVAND aucun fief eſchet par ſucceſſion de pere, mere,
ayeul ou aveule, il n'eſt deu au ſeigneur feodal dudit fief par
les deſcendans en ligne directe, que la bouche & les mains, a-
uec le ſerment de fidelité, quand leſdicts pere, mere, ayeul ou
ayeule ont fait & payé les droicts & deuoirs en leur temps, ſi ce
n'eſt que par conuention ſpeciale ſoit deu a tout mutation aucun droict.

XIII

A V fils aiſné appartient par preciput le Chateau ou manoir principal & baſſecourt attenant & contigue audict manoir, & deſtinee à iceluy , encores que le foſſé du chateau ou
quelque chemin feuſt entre deux: Et outre luy appartient vn
arpent de terre de l'enclos ou iardin ioygnant ledict manoir,
ſi tant y en a : & ſi ledict enclos contient d'auantage , laiſné
peut retenir le tout en baillant recompenſe au puiſné de ce
qui eſt outre ledict arpent, en terre de meſme fief, ſi tant en y
a, ſinon en autre terres ou heritages de ladicte ſucceſſion, à la
commodité deſpuiſnez le plus que faire ſe pourra, au dire de
preud'hommes: Et s'entend l'enclos, ce qui eſt fermé de murs
foſſez ou hayes viues.

XIIII

Q U A N D pere & mere ayans fiefs & heritages tenus noblement, vont de vie a treſpas delaiſſé ſeulement deux enfans
venans a leur ſucceſſion au fils aiſne, pour ſon droit d'aiſnaiſ-
ſe , appartient par preciput en chacun deſdictes ſucceſſions
tant de pere que de mere, vn hoſtel tenu en fief tel qu'il veult
choiſir pour manoir principal , auec l'enclos & baſſecourt,
comme deſſus eſt dict, & les deux tiers des ſuſdits fiefs & heritages tenus noblement : Et a l'autre deſdits enfans compete
& appartient l'autre tiers & reſidu deſdicts fiefs & heritages
noblement tenus, eſtans deſdictes ſucceſſions.

X V.

S' I L y a pluſieurs enfans exce dans le nombre de deux venans a leur ſucceſſion , au fils aiſné par preciput pour ſon
droict d'ainelſe, appartient en chacune deſdictes ſucceſſions
tant de pere que de mere, vn hoſtel tenu en fief, tel qu'il veut
choiſir pour principal manoir, avec l'enclos & baſſecourt, ainſi que dict eſt, & la moitié de tous les autres heritages tenus
en fief: Et a tous les autres enfans enſemble, l'autre moitié &
reſidu deſdicts fiefs & heritages tenus noblement.

X V I.

S'I L

S·I L n'ya manoir principal en vn fief appartenant a deux ou plusieurs enfans par la succession de leur Pere ou Mere ain seulemēt terres labourables, le fils aisné peut auoir vn arpent de terre en tel lieu qu'il voudra eslire, par preciput pour & au lieu dudict manoir.

XVII.

QVAND n'y a que filles seules venans a succession directe ou collaterale, droict d'ainesse n'a lieu & partissent egalement.

XVIII.

EN succession ou hoirie en ligne collateralle en fief, les femelles n'heritent point auec les masles en pareil degrè.

XIX.

N'EST loisible a aucun tenant en cēsiue, d'auoir colombier a pied ayant boulains, manes, & troux iusques au rez de chaussee, s'il n'en a tiltre & permission du Roy, & tienne terres en domaine, iusques a cent cinquante mesures : Mais sera bien loisible a toute personne auoir volontiers en son heritage, non excedent toutesfois la quantité de cinquante boulains, manes, & troux. Lequel nombre de boulains, manes, & troux ne pourra estre outrepassé & augmenté, sinon par ceux qui auront & posséderont cinquante mesures de terres, & au dessus.

XX.

LES droicts de lots & ventes deuz aux Seigneurs Cēsiers font de vingt deniers pour liures, payables par l'acheteur

XXI.

POVR vente recelee & non notifiee au Seigneur Censiers, dans quatre mois apres lacquisition, est deu vn escu d'amende audict Seigneur Censier.

XXII.

ET pour le surplus des droicts, & differends de fiefs qui pourroient suruenir cy apres, sera suiuie, gardee, & obseruee la coustume de la Preuoité & Viconté de Paris, laquelle aura lieu pour le cas obmis au present chapitre.

A iij   De

DE FIEFS
De communauté de bien & autres
DROICTS ENTRE
conioincts par mariage.

XXIII.

HOMME & femme conioincts enfemble par mariage, font du iour des efpoufailles & benediction nuptiale, communs en tous biens meubles, debtes per-
fonnelles & mobiliaires, actiues & paffiues, contractees durant ledict mariage & auparauant iceluy:& en conqueſts immeubles par eux faict durant & conſtant ledict mariage, s'il
n'y a par le contract de mariage conuention au contraire.

XXIIII.

COMBIEN qu'il foit conuenu entre deux conioincts
qu'ils payeront feparement leur debtes faictes auparauant leur
mariage : Ce neantmoins ils en font tenus,s'il n'y a inuentaire
preablement fait : auquel cas ils demeurent quictes, repre-
fentans l'inuentaire,ou l'eſtimation diceluy.

XXV.

LA femme mariee, ne peut vendre aliener ny hypotequer fes heritages, ny s'obliger fans auctorité & confentement expres de fon mary : & fi elle faict aucun contract fans
l'auctorité & confentement de fondict mary, tel contract eſt
nul,tant pour le regard d'elle, que fondict mary, & n'en peut
eftre pourfuyuie,ny fes heritiers apres le decez de fodit mary.

XXVI.

FEMME ne peut eftre en iugement fans le confentemét
de fon mary fi elle n'eſt auctorifee ou feparee par iuftice,& ladicte feparation executee.   XXVI.

LE mary eſt feigneur des meuble & cóqueſts immeubles
par luy faicts durát & conſtant le mariage de luy & de fa femme,en telle maniere qu'il les peut vendre, alliener ou hypotequer, & en faire & difpofer par donation ou autre difpofition

tion faicte entre vifs, a fon plaifir & volonté, fans le confentement de fadicte femme, a perfonne capable & fans fraude :
mais par teftament & ordonnance de derniere volonté ne
peut le mary difpofer que de fa moitié, comme fera dict cy a-
pres.

XXVIII.

LE mary ne peut vēdre, efchanger, faire partage ou licitation, charger, obliger, ne hypotecquer, le propre heritage de
fa femme fans le confentement de ladicte femme, & icelle par
luy auctorife a cefte fin.

XXIX.

PEVT toutesfois le mary faire baux a loyer en deniers ou
moifon de grains, des heritages de fa femme, iufques a neuf
ans, & au deffous, fans fraude.

XXX.

LE mary ne peut par contract & obligation faicte deuant
ou durant le mariage, obliger fa femme, fans fon confentement, & plus auant que iufques a la concurence de ce qu'elle
ou fes heritiers amandent de la communauté: pourueu toutesfois qu'apres le decez de l'vn des conioincts foit fait loial inuentaire, & qu'il n'y ait faute ou fraude de la part de la femme
ou de fes heritiers.

Il faut conioindre l'article 37.

XXXI.

APRES le trefpas de l'vn defdicts conioincts, les biēs de ladicte communauté fe diuifent en telle maniere, que la moitié
en appartient au furuiuant, & l'autre moitié aux heritiers du
trefpaffe: fur la part defquels fe prennent frais funeraux, dons,
& legs teftamentaires du predecedé, & n'en paye rien le furuiuant fur fa part.

XXXII.

LAQUELLE moitié des conquefts aduenue aux heri-
tiers du trefpaffé, eft le propre heritage defdicts heritiers: Tellement que fi lefdicts heritiers vont de vie a trefpas fans hoir
de leur corps, icelle moitié retourne a leurs plus prochain heritier du cofté & ligne de celuy defdicts mariez, par le trefpas
du

du quel leur eſt aduenu la dicte mcitié: Deſquels biẽs toutesfois les pere ou mere, ayeul ou ayeule ſuccedans a leur enfans
iouyront par vſufruict leur vie durant comme ſera dict cy a-
pres.

XXXIII.

LE S fruicts des heritages propres, pendans par les racines
au temps du treſpas de l'vn des conioincts par mariage, appartiennent a celuy auquel aduient leſdicts heritages , a la charge de payer la moitie des labours & ſemences.

XXXIIII.

SI durant le mariage eſt vendu aucun heritage ou rente
propre appartenant a l'vn ou a l'autre des conioincts par mariage, ou ſi ladicte rente eſt rachetee : Le pris de la rête ou rachapt eſt repris ſur les biens de la communauté , au profit de
celuy aquel appartenoit l'heritage ou rente : encores qu'en
vendant il n'euſt eſté conuenu du remploy ou recompence:
& qu'il n'y ait eu aucune declaration ſur ce faicte.

XXXV.

LE mary eſt ſeigneur des actions mobiliaires & poſſeſſoi-
res , poſé qu'elles procedent du coſté de la femme, & peut le
mary agir ſeul, & deſduire leſdicts droicts & actions en iugement ſans ſa dicte femme.

XXXVI.

LA femme mariee n'eſtant actuellement ſeparee de
biens, ne ſe peut obliger ſans le conſentement de ſon mary;
Mais la femme marchande publique , faiſant marchand.ſe ſeparee , & autre que celle dont ſon mary ſe meſle, peut s'obliger & ſon mary touchant le fait & depẽdences de ladicte ne-
gotiation & marchandiſe.

XXXVII.

IL eſt loiſible a toute femme renoncer ſi bon luy ſemb'e
apres le treſpas de ſon mary a la communauté des biens d'entre elle & ſo dict mary, la choſe eſtant entiere : & auparauant
qu'elle ſe ſoit imiſſee en ladite communauté : Et en ce faiſant ,
demeu-

demeurera quitte & defchargee de toutes debtes procedãs de ladicte communauté creés & conftituees par fon defunct mary , autres toutesfois que celles efquelles perfonnellement & fpecialement elle feroit obligee : dont nonobftant ladite renonciation elle peut eftre pourfuyuie , fon recours neantmoins referué contre les heritiers du mary, pour le fait duquel elle fe feroit obligee.

XXXVIII.

ET fe doit faire ladicte renonciation en iugement , dedans quarante iours apres le decez de fon mary , & qu'uelle en ait eu cognoiffance : Et n'eft tenue lors faire appeller l'heritier du mary, ne autres parens. Ains fuffit de leur faire fignifier en eftant pourfuyuie: Mais fi ladicte femme a frauduleufement & doleufement caché & recellé , ou fubftrait aucuns biens de ladicte communauté , elle doit eftre priuee du benefice de ladicte renonciation.

XXXIX.

QVAND l'vn des deux conioincts nobles demeurans tant en ladicte ville de Calais que dehors , & viuans noblement va de vie a trefpas, il eft en la faculté du furuiuant, pourueu qu'il ny aye enfans prendre & accepter les meubles, Auquel cas il eft tenu payer les debtes mobiliaires & les obfeques & funerailles d'icelluy trefpaffé felon fa qualité : Et s'il y à enfans, partiffent par moitié.

XL.

HOMME & femme conioincts par mariage , font reputez vfans de leurs droits , pour auoir adminiftration de leurs biens : Et non pour vendre , engager ou aliener leurs immeubles, pendant leur minorité.

XLI.

QVAND l'vn des deux conioincts par mariage , va de vie à trefpas , & delaiffe aucuns enfans mineurs dudict mariage , fi le furuiuant des deux conioincts ne fait auec perfonne capable & legitime contradicteur , inuentaire des biens qui e-

B ftoient

DE COMMVN DE BIENS.

ſtoient communs durant ledict mariage, & au temps du treſpas, ſoit meubles ou conqueſts immeubles, l'enfant ou enfans ſuruiuant peuuent, ſi bon leur ſemble, demander communauté en tous les biens meubles & conqueſts immeubles du
ſuruiuant, poſé que iceluy ſuruiuant ſe remarie.

XLII.

E T pour la diſſolution de la communauté, faut que ledict
inuentaire ſoit faict & parfaict, a la diligence dudit ſuruiuant
& clos trois mois apres qu'il aura eſté faict : Autrement & a
faute de ce faire par le ſuruiuant, eſt la communauté conti-
nuée, ſi bon ſemble aux enfans.

XLIII.

S I le ſuruiuant ſe remarie, ladicte communauté eſt conti-
nuée entr'eux pour vn tiers : tellement que les enfans ont vn
tiers, le mary & la femme chacun vn autre tiers : Et ſi chacun
d'eux a enfans d'autre precedent mariage, ladite communauté ce continue par quart, & eſt ladicte communauté multi-
pliée s'il y auoit d'autres licts, & ſe partiſt egalement, en ſorte
que les enfans de chacun mariage ne font qu'vn chef en la
dicte communauté. Le tout, au cas qu'ils n'euſſent faict inuentaire, comme deſſus eſt dict.

XLIIII.

S I aucun des enfans qui ont continué la communauté
meurt, ou tous fors vn, les ſuruiuans ou ſuruiuant d'iceux enfans continuent ladicte communauté & prenent autant que
ſi tous leſdicts enfans eſtoient viuants.

XLV.

Q V A N D aucune rente deuë par l'vn des conioincts, par
mariage, ou ſur ſes heritages parauant leur mariage, eſt rachetee par leſdicts deux conioincts, ou l'vn deux, conſtant ledit mariage, tel rachapt eſt reputé conqueſt.

XLVI.

E T eſt tenu l'heritier ou detenteur de l'heritage ſubiect â
la

la rente, continuer la moictié de la dite rente, & payer les arrierages, du iour du decez iufques a l'entier rachapt.

XLVII.

CHOSE immeuble donnee a l'vn des conioincts, pendant leur mariage, a la charge qu'elle fera propre au donnataire, ne tombe en communauté : Mais fi elle eft donnee fimplement a l'vn des conioincts, elle eft commune : fors & excepté les donations faictes en ligne directe, lefquelles ne tom-
bent en communaute.

De douaires.

XLVIII.

EMME mariée eft douée de douaire
couftumier, pofé que par expres au traicté de fon mariage ne luy euft efté con-
ftitué ny octroyé aucun douaire.

XLIX.

DOVAIRE couftumier eft de la moictié des fiefs, &
du tiers des heritages tenus en rofture appartenans au mary
au iour des efpoufailles & benediction nuptiale : & de ceux
qui depuis la comfommation dudict mariage & pendant iceluy efcheent & aduiennent en ligne directe audict mary.

L.

LE douaire couftumier de la femme , eft le propre heritage des enfans venans dudit mariage : en telle maniere que le pere & mere defdits enfans des l'inftant de leur mariage ,ne le peuuent vendre , engager ne hypotequer au preiudice de leurs enfans.

LI.

SI les enfans venans dudict mariage : ne fe portent heritiers de leur pere,& s'abftiennent de prendre fa fucceffion:En ce cas ledit douaire appartient aufdits enfans purement & fimplement fans payer aucunes debtes procedans du faict de leur pere creés depuis ledict mariage : Et fe partit le douaire foit prefix ou couftumier en tr'eux, fans droict d'aineffe ou prerogatiue.

LII.

NVL ne peut eftre heritier & douairier enfemble, pour le regard le douaire couftumier ou prefix.

LIII.

CELVY qui veut auoir le douaire doit rendre & reftituer ce qu'il a eu & receu par mariage & autres auantages de fon pere,ou moins prendre fur le douaire.

LIIII.

QVAND le pere à efté marié plufieurs fois le douaire couftumier des enfás du premier lict,eft la moitie des immeubles feodaux , & le tiers des roftures q'uil auoit lors dudict premier mariage & qui luy font aduenue pendant iceluy mariage en ligne directe : Et le douaire coftumier des enfans du fecond lict,eft le quart defdits fiefs, & vn tiers des deux tiers defdictes rotures : enfemble vn tiers tant de la portion appartenant au mary des conquefts en rofture , faicts pendant ledict premier mariage que des acquefts de pareille nature, par luy faicts depuis la diffolution dudict premier mariage , iufques au iour de la confommation du fecond . Et auffi vn tiers des propres en roiture , qui luy efcheent en ligne directe pendant ledict fecond mariage , & vne moitié des conquefts,& acquefts propres fufdits s'il font tenu en fiefs : Et ainfi confequemment

des

des autres mariages.

LV.

SI les enfans du premier mariage meurent auant leur pere, pendant le second mariage, la veufue & autres enfans dudit second mariage les suruiuans n'ont que tel douaire qu'ils eussent eu, si les enfans dudict premier mariage estoient viuans: tellement que par la mort des enfans dudit premier mariage, le douaire de la femme & enfans dudit second mariage n'est augmenté : Et ainsi consequemment des autres mariages.

LVI.

LE douaire constitué par le mary, ses parens ou autres de par luy, est le propre heritage aux enfans y ssus dudit mariage: pour d'iceluy iouyr apres le trespas de pere & de mere, incontinant que douaire a lieu.

LVII.

DOVAIRE, soit coustumier ou prefix, saisist, sans qu'il soit besoing de le demander en iugement : Et courrent les fruicts & arrierages du iour du decez du mary.

LVIII.

DOVAIRE prefix, soit en rente ou deniers, se prend sur la part du mary sans aucunes confusion de la communauté, & hors part. Et si durant le mariage est faict don mutuel, la femme iouyt apres le trespas de son mary par vsufruit de la part des meubles & conquests de sondict mary. Et sur le surplus des bien dudict mary prend sondict douaire sans aucune diminution ne confusion.

LIX.

TOVTES contre lettres-faictes a part, & hors de la presence des parens, qui ont assisté aux contracts de mariages, sont nulles, & de nul effect & valleur.

LX.

FEMME douée de douaire prefix, ne peut demander douaire coustumier, s'il ne luy est permis, & le choix à elle baillé par son traicté de mariage.

B iij   LA

DE DOVAIRES.
LXI.

L A femme qui prend douaire couftumier, eft tenue entretenir les heritages de reparations viageres, qui font toutes re-
pararions d'entretenement, hors les quatre gros murs, poultres, & entieres couuertures, & voultes.

LXII.

L E douaire foit en efpece, rente, ou deniers, promis a vne
femme, n'eft qu'a la vie de la femme tant feulement, s'il n'y a
enfans nez & pocreés du mariage. Et doibt tel douaire apres
le trefpas de la femme, reuenir aux heritiers du mary, s'il n'ya
contract au contraire.

LXIII.

E T au cas que ladicte femme ne fe remarie, aura diliuran-
ce de fon dit douaire a fa caution iuratoire : Mais fi eile con-
uole en autre mariage, fera tenue bailler bonne & fuffifante
caution.

LXIIII.

S I les heritages tenus en douaire eftoient prefts a defpouil-
ler au temps du trefpas de la douairiere, le proprietaire doit
auoir la defpouille, & l'heritage en l'eftat qu'il eft, en rendant
aux heritiers ou ayans caufe de ladicte douairiere, les labours
& femences   LXV.

S I la douairiere vend ou aliene a autruy fon douaire, l'heritier du mary ou autre fubiet audit douaire, le peut retirer & a-
uoir pour le pris qu'elle l'aura vendu.

De Donations.
LXVI.

I L eft loifible a toute perfonne, agée de vingt & cinq ans
accomplis, & faine d'entendement, donner & difpofer
par donation & difpofition faicte entre vifs de tous fes
meubles acquefts & conquefts immeubles, & de moitié de fes
heritages propres a perfonne capable : Referué toutesfois la
legitime a qui de droict elle eft deue & appartient. Et neantmoins

moins celuy qui ſe marie ou qui a obtenu benefice d'aage en-
teriné en Iuſtice, peult ayant l'age de vingts ans accomplis diſpoſer de ſes meubles.

LXVII.

QVAND le donataire s'eſt reſérué la puiſſance de diſpoſer librement de la choſe par luy donnée, ou qu'il demeure
en poſſeſſion & iouyſſance iuſque au iour de ſon decez, telle
donation ne vault. Autre choſe eſt, s'il donne la proprieté
d'aucun heritage, retenu a ſoy l'vſufruict, a vie ou a temps:
Ou s'il y a clauſe de conſtitut ou precaire, auquel cas la donation eſt bonne & vallable.

LXVIII.

LES mineurs & autres perſonnes eſtans en puiſſance d'autruy, ne peuuent donner ou teſter, directement ou indirectement, au profit de leur Tuteurs, Curateurs, Pedagogues, ou
autres adminiſtrateurs, ou des enfans des enfans deſdicts adminiſtrateurs, pendant le temps de leur adminiſtration & iuſques à ce qu'ils ayent rendu compte. Peuuent toutesfois diſpoſer au proffit de leur pere, mere, ayeul, ou ayeule, ou autres
aſcendans, encores qu'ils ſoient de la qualité ſuſdicte, pourueu que lors du teſtament & decez du Teſtateur, leſdicts pere,
mere, ou autre aſcendans ne ſoient remariez.

LXIX.

TOVTES donations encores qu'elles ſoient conceues
entre vifs, faites par perſonnes giſans au lit, malades de la maladie dont ils decedent, ſont reputez faictes a cauſe de mort
& teſtamentaires & non entre vifs.

LXX.

MEVBLES ou immeubles donnez par pere, ou mere, a
leurs enfans, ſont reputez donnez en aduancement d'hoirie.

LXXI.

FEMME conuolant en ſecondes ou autre nopces, ayant
enfans, ne peult aduantager ſon ſecond ou autre ſubſequent
mary de ſes meubles ou immeubles propres, ou acqueſts plus

l'vn

l'vn de ſes enfans.   Pareillement ne peut diſpoſer en maniere
que ce ſoit, au proffit de ſon ſecond ou tiers mary , ou autres
perſonnes, des choſes a elle donnees en faueur de mariage par
ſon premier mary : Ains le doibt entierement garder & conſeruer aux enfans dudit premier & precedent mariage , dont
luy ſont prouenus leſdits biens.   Et quant aux conqueſts faits
auec ſes precedens maris n'en peut diſpoſer aucunement au-
preiudice des portions dont ſes enfans deſdicts premier mariages pourroient amender d'elle.   Et neants moins ſuccedent
les enfans des ſubſequens mariages , auſdicts conqueſts auec
les enfans deſdits mariages precedens , egalement venans a la
ſucceſſion de leur mere : Comme auſſi les enfans de precedens licts ſuccedent pour leurs parts & portions aux conqueſts
faicts pendant & conſtant les ſubſequens mariages. Toutesfois apres la diſſolution deſdicts, ſecond, ou autres ſubſequens
mariages, ou ſi les enfans du precedent mariage decedent elle
peut diſpoſer deſdits conqueſts comme de ſa choſe.

LXXII.

HOMME & femme conioincts par mariage , conſtant
iceluy, ne peuuent aduantager l'vn l'autre par donation faicte
entre vifs , par teſtament ou ordonnance de derniere volonté, ne autrement , directement , ne indirectement en quelque
maniere que ce ſoit , ſinon par don mutuel , tel qu'il ſera dict
cy apres , ny pareillement donner aux enfans l'vn de l'autre
d'un premier mariage , au cas qu'ils ou l'un d'eux ayent enfans.

LXXIII.

PAR don mutuel peuuent leſdicts conioincts eſtans en
ſanté ſe donner l'vn a lautre tous leurs biens meubles & conqueſts immeuble , faicts durant & conſtant leur mariage , &
qui ſont trouuez eſtre communs entr'eux a l'heure du treſpas du premier mourant deſdicts conioincts , pour en iouyr
par le ſuruiuant d'iceux conioincts ſa vie durant ſeulement
en baillant por luy caution ſuffiſante de reſtituer leſdicts biens

apres

apres son trespas : Et ce , pourueu qu'il n'y ait enfans soit des deux conioints ou de l'vn d'eux, lors du decez du premier mou rant.

LXXIIII.

VN don mutuel de soy ne saisit , ains est subiect à deliurance : Et pour estre vallable , doit estre insinué dans les quatre moys du iour du contract : & l'insinuation faicte par l'vn des conioincts , vault pour tous deux. Apres laquelle insinuation, ledict don mutuel n'est reuocable, sinon du consentemeut des deux conioincts.

LXXV.

LE donnataire mutuel ne gaigne les fruicts que du iour qu'il a presenté caution suffisante, & demeurent les fruicts a l'heritier iusques a ladicte caution presentee : laquelle il peut presenter en iugement de la premiere assignation.

LXXVI.

LE donataire mutuel est tenu aduancer & payer les obseques & funerailles du premier decedé : Ensemble la part & moitié des debtes communes deuë par le premier decede Lesquelles obseques & funerailles & moitié des debtes , luy doyuent estre deduits sur la part & portion dudit premier decedé. Toutesfois n'est tenu payer les legs & autres dispositions testamentaires.

LXXVII.

AUSSI est tenu celuy qui veult iouir du don mutuel, faire faire les reparations viageres estans a faire sur les heritages subiects audict don mutuel , & payer les cens & charges annuelles , les arierages tant des rentes foncieres que des autres rentes constituees pendant la communauté , escheus depuis la iouyssance dudict don mutuel , sans esperance de les recouurer.

LXXVIII.

L'HERITIER peult demander alencontre dudit donataire , que nouuelle prisee soit faicte des meubles , par gens dout ils conuiendront : pour estre lesdicts meubles , prisez a a la iufte eftimation autre que celle faicte par l'inuentaire. Et en ce faifant ledit donnataire aura la iouyffance defdits meubles fans qu'il foit tenu les faire vendre.

LXXIX.

PERE & mere marians leurs enfans, peuuent conuenir que lefdits enfans laifferont iouyr le furuiuant de leurfdits pere & mere des meubles & conquefts du predecedé, la vie durant du furuiuant pourueu qu'ils ne fe remarient : Et n'eft telle conuention reputee aduantage entre lefdicts conioincts.

De Teftaments & executions
DICEVX.

LXXX.

POUR reputer vn Teftament follemnel eft requis qu'il foit efcript & figné du Teftateur, ou qu'il foit paffé pardeuant deux Notaires, ou par deuant le Curé de la paroiffe du Teftateur, ou fon Vicaire principal, & vn Notaire, ou dudict Curé ou Vicaire, & trois tefmoings ou, d'vn Notaire & deux tefmoings, iceux tefmoings idoines, fuffifans mafles, & aages de vingt ans accomplis, & non legataires, & qu'il ayt efté dicté & nommé par le Teftateur aufdits Notaires, Curé ou Vicaire principal, & depuis à luy releu en prefence d'iceux Notaires, Curé ou Vicaire principal, & tefmoings, & qu'il foit faict mention audict teftament qu'il a efté ainfi dicté nommé & releu : & que en tous les cas fufdicts il foit figné par ledict Teftateur & par les tefmoins, ou que mention foit faicte de la caufe pour laquelle ils n'ont peu figner.

Il faut obferuer les motz precifem[en]t & la Couftume d'amien a faut mettre dans ... Suggeftion.

LXXXI.

AVANT que les Vicaires puiffent receuoir aucun teftament, faut qu'ils ayent des Curez lettres de Vicariat, lefquelles ils font tenus faire enregiftrer au Greffe royal dudict Calais.

SONT

LXXXII.

S O N T aussi tenus lesdicts Curez & Vicaires principaux,
porter & faire mettre de trois moys en trois moys audit Greffe les registres des baptesmes, mariages, testamens & sepultu-
res, sur peine de tous despens dommages & interrests , & pour
ce ne doibuent rien payer au Greffe.

LXXXIII.

I N S T I T V T I O N d'heritier n'est requise & necessai-
re pour la validité d'vn testament : Mais ne laisse de valoir la
disposition , iusques a la quantité & concurrence de ce dont le
Testateur peult vallablement disposer par testament & ordonnance de derniere volonté.

LXXXIIII.

T O V T E S personnes saines d'entendement , aagez &
vsans de leurs droicts peuuent disposer par testament & ordonnance de derniere volonté , au profit de personne capable,
de tous leurs propres biens meubles , acquests , & conquests
immeubles , & de la cinquiesme partie de tous leurs propres
heritages, & non plus auant, encores que ce fust pour cause pi-
toyable, sauf en tous cas la legitime aux enfans.

LXXXV.

L A legitime est la moytié, de telle part & portion, que chacun enfant eust eu en la succession mobiliaire & immobiliaire
de ses pere mere, ayeul, ou ayeule, ou autres ascendans , si lesdicts pere & mere , ou autres ascendans, n'eussent disposé par
donations faicte entre vifs, ou derniere volonté : sur le tout de-
duict les debtes, & frais funeraux.

LxxxVI.

P O V R tester des meubles, acquests & conquests immeubles faut auoir accomply l'age de vingt ans. Et pour tester du
quint des propres , fault auoir accomply l'age de vingtcinq
ans·

LxxxVII.

T O V T E S F O I S si le Testateur n'a meubles acquests,

C ij

ne conquefts, ne conquefts, immeubles, peult audict cas tefter du quint de fes propre apres vingt ans accomplis.

LxxxVIII.

S I l'heritier fe veult contenter de prendre les quatre quints des propres, & abandonner les meubles acquefts & conquefts, immeubles, auec le quint defdits propres a tous les legataires, faire le peult : En quoy faifant il demeurera faify defdicts quatre quints, & lefdits legataires prendront le furplus : les debtes toutesfois preallablement païées fur tous les biens de l'heredité.

Lxxxlx.

L E mary par fon teftament ou ordonnance de derniere volonté ne peult difpofer des biens meubles, & conquefts immeubles, communs entre luy & fa femme au preiudice de ladicte femme, ny de la moictié qui luy peult appartenir en iceux par le trefpas de fondict mary.

XC.

L E S executeurs Teftamentaires font faifis durant l'an & iour du trefpas du defunct des biens meubles demeurez du decez d'iceluy, pour l'accompliffement de fon teftament : fi le Teftateur n'auoit ordonné que fes executeurs fuifent faifis de fomme certaine feulement : Et eft tenu ledict exececuteur de faire faire inuentaire en diligence, fi toft que le teftament eft venu a fa cognoiffance, l'heritier prefumtif prefent, ou deuëment appellé, s'il eft au pays, ou en fon abfence le Procureur du Roy. Et neantmoins fi l'heritier veult mettre promptement entre les mains de l'executeur deniers fuffifans pour l'accompliffement du teftament, eft tenu l'executeur s'en contenter.

XCI.

L'EXECUTEVR teftamentaire paye les legs mobilliers l'heritier prefent ou appellé : & peut retenir par fes mains les legs mobilier à luy faict: Mais les legs d'immeubles fe doibuent deliurer par l'heritier & non par ledict executeur.

XCII.

LE

L E baſtard peult diſpoſer de ſes biens meubles & acqueſts tant par diſpoſition entre vifs que teſtamentaire a perſonnes capables.

XCIII.

A V C V N ne peut eſtre heritier & legataire d'vn defunct enſemble. Toutesfois peut eſtre donnataire entre vifs , & heritier en ligne colateralle.

De Succeſsion en ligne directe &
COLLATERALE.

XCIIII.

LEs enfans , heritiers d'vn defunct viennent egallement a la ſucceſſion d'iceluy defunct, fors & excepté pour les heritages tenus en fief, ſelon la limitation mentionnee au Tiltre des fiefs.

XCV.

PERE & mere ne peuuent par donnation faite entre vifs, par teſtament & ordonnance de derniere volonté , ou autrement en maniere quelconque,aduantager leur enfans qui viennent a leur ſucceſſions l'vn plus que lautre.

XCVI.

NEANTMOINS où celuy auquel on auroit donné ou legué ſe voudroit tenir à ſon don ou legs , faire le peut , en s'abſtenant de l'heredité:la legitime reſeruee aux autres enfans.

XCVII.

LES enfans venans a la ſucceſſion de pere ou mere , doibuent rapporter ce qui leur a eſté donné , pour auec les autres biens de ladicte ſucceſſion eſtre mis en partage entr'eux ou moins prendre. Excepté toutesfois les liures d'eſcoliers, penſions , nourritures & entretenement d'enfans , iuſques a ce qu'ils ſoient mariez . & frais de nopces , qui ne ſont ſubiect a rapport.

DE SVCCESSIONS EN

XCVIII.

SI le donnateur lors dù partage a en sa possession les heriages a luy donnez, il est tenu les rapporter en essence & espece, ou moins prendre en autres heritages de la succession qui soient de pareille valeur & bonté. Et faisant ledict rapport en espece, doit estre remboursé par ses coheritiers des impenses vtiles & necessaires: & si lesdicts coheritiers ne veulent rembourser lesdictes impenses, en ce cas le donnataire est tenu, rapporter seulement l'estimation diceux heritages, eu esgard au temps que diuision & partage est faict entreux, deduction faicte desdictes impenses.

XCIX.

CE qui a esté donné aux enfans de ceux qui sont heritiers & viennent a la succession de leur pere, mere ou autres ascendans, est subiect a rapport ou a moings prendre comme dessus.

C.

L'ENFANT ayant suruescu ses pere, & mere, & venant a la succession de ses ayeul ou ayeule, qui ont suruescu lesdits pere & mere, encor qu'il renonce a la succession de sesdits pere & mere est neantmoings tenu rapporter a la succession de sesdicts ayeul ou ayeule, tout ce qui a esté donné a sesdicts pere & mere par s'esdicts ayeul ou ayeule, ou moins prendre.

CI.

LES fruicts de la chose donnee par pere, mere, ayeul ou ayeule, soit heritage ou rente, ne se rapportent, sinon du iour de la succession escheuë: Et s'il y a deniers baillez, les proffits se rapporteront depuis ledict temps a raison du denier vingt.

CII.

LE droict & part de l'enfant qui s'abstient & renonce a la succession de ses pere, ou mere, accroist aux autres enfans heritiers, sans aucune prerogatiue d'aisnesse de la portion qui accroist. *Mesme La legitime comme a remarqué Ivon Roy sur pauie. Mais non en douaire priu cinq pour Iceluy ny a droit d'accroissement.*

PERE

CIII.

PERE & mere ſuccedent a leurs enfans nez en loyal mariage, s'ilt vont de vie a treſpas ſans hoirs de leurs corps , aux
meubles, acqueſts & conqueſts immeubles. Et en defaut d'eux
l'ayeul ou ayeulle & autres aſcendans.

CIIII.

EN ſucceſſion en ligne directe propre heritage ne remon-
te & ny ſuccedent les pere, mere, ayeul ou ayeule : Toutesfois ſuccedent és choſes par eux donnees a leurs enfans, & deſcendans d'eux.

CV.

LES pere & mere , au cas ſusdicts, iouyſſent par vſufruict
des biens delaiſſez par leurs enfans , qui ont eſté acquis par
leurſdicts pere & mere , & ſont par le decez de l'vn d'eux ad-
uenus a l'vn de leurs dicts enfans, encores qu'ils ſoient & ayent
eſté faicts propres auſdits enfans. Et apres le decez deſdits pere
& mere qui ont iouy deſdicts biens par vſufruict , leſdits biens
retournent au plus proche parent deſdicts enfans du coſté &
ligne de l'acquereur deſdicts biens.

CVI.

SI le fils faict acquiſition d'heritages ou autre biens immeubles & il decede de laiſſant à ſon enfant deſdicts heritages,
& ledit, enfant decedant apres ſans enfans & deſcendans de luy
& ſans freres & ſoeurs, l'ayeul & l'ayeule ſuccedẽt auſdicts heritages en plaine proprieté, & excluẽt tous autres collateraux.

CVII.

IL ne ſe porte heritier qui ne veult.

CVIII.

ET neantmoins ſi aulcun prend & apprehende les biens
d'vn deffunt ou partie d'iceux quelle quelle ſoit, ſans auoir autre qualité, ou droit de prendre leſdits biens ou partie , il fait a-
cte d'heritier, & s'oblige en ce faiſant a payer les debtes du de-
funt. Et ſuppoſé qu'il luy fuſt deu aucune choſe par le defunct,
il le doibt demander, & ſe pouruoir par iuſtice. Autrement,
s'il

s'il le prend de son auctorité, il fera acte d'heritier,

CIX.

L E mort saisist le vif , son hoir plus proche & habile a luy succeder.

CX.

E N ligne directe representation a lieu infinement , & en quelque degré que ce soit : & viennent les enfans representans leurs pere & mere , en la succession de leurs ayeuls ou ayeules, par souches & non par testes , soit auec leurs oncles ou leurs cousins germains, iceux oncles predecedez.

C x I.

E N ligne colateralle, representation , a lieu quand les nepueux ou niepces viennent a la succession de leur oncle ou tante, auec les freres & soeurs du decedé : Et audict cas, les representans succedent par souches, & non par testes.

C X I I.

M A I S si les nepueux en semblable degré , viennent de leur chef & non par representation a la succession de leur oncle, ou tantes , en ce cas succedent par testes, & non par souches: Tellement que l'vn ne prend non plus que l'autre.

C X I I I.

T O V T E S F O I S les masles venans d'vne fille, & succedans, comme dict est, par representation , ne prennent aucune chose des fiefs delaissez par le trespas de leur oncle & tante, non plus que leur mere eust fait venant a succession auec ses freres. *Suiuant Larticle - 124.*

C X I I I I.

E T si en ladicte succession collaterale il y a fiefs, les enfans des freres n'excluent leur tantes , soeurs, du defuncts : ains y succedent lesdites tante de leur chef , comme estans les plus proches auec les enfans des freres. Et s'ils sont plusieurs enfans de frere, succedent seullement pour vne teste auec leur tante.

C X V.

L E S enfans du fils ainé , soient masles ou femelles , suruiuans

uans leur pere, venans à la succession de leur ayeul ou ayeule, representent leurdict pere au droit d'ainesse : Et s'il n'y a
que filles, elles representent leur pere tout ensemble pour v-
ne teste, au droit d'aisnesse, & sans droit d'ainesse entre elles.

CXVI.

EN ligne collaterale les plus proches parens d'vn deffunt
decedé sans hoirs, luy succedent quant aux meubles, & acquests immeubles, sans exclurre toutesfois les enfans des freres & soeurs, venans par representation, comme il est dict cy
dessus. CXVII.

ET quant aux propres heritages, luy succedent les parens
qui sont les plus proche du costé & ligne dont les heritages
sont aduenuz & escheuz au defunct, encores qu'il ne soient
plus proches parens du defunct : fors & excepté, qu'en fief le
masle exclud les femelles en pareil degré : sans aussi exclure
les enfans des freres & soeurs venans par representation, comme dessus.

CXVIII.

ET sont reputez parens du costé & ligne, supposé qu'ils
ne soient descendus de celuy qui a acquis l'heritage. Et s'il
n'y a aucuns heritiers du costé & ligne dont sont venuz les heritages, ils appartiennent au plus prochain habile a succeder
de l'autre costé & ligne, en quelque degré que ce soit.

CXIX.

LES heritiers d'vn defunct en ligne collaterale partissent
& diuisent egalement entre'ux par testes & non par souche,
les biens & successions dudict defunct, tant meubles que heritages, non tenus & mouuans en fief : excepté les enfans des
freres & soeurs qui partissent, & font tous ensemble vne teste
au lieu de leurs pere & mere, s'ils succedent auec leur oncle:
Et entr'eux ils partissent egalement.

CXX.

EN ligne collateralle, les heritages tenus & mouuans en
fief, se partissent & diuisent entre coheritiers, sans droit ou

D

prero-

prerogatiue d'ainesse.　　　CxxI.

LES heritiers d'vn deffunct en pareil degré , succedant egalement tant en meubles que immeubles , sont tenus perſonnellement de payer & acquiter les debtes de la ſucceſſion, chacun pour telle part & portion qu'ils ſont heritiers d'iceluy deffunct.

CxxII.

TOUTESFOIS s'ils ſont detenteurs d'heritages qui aient appartenu au deffunct , leſquels aient eſté obligez & hypotequez a la debte par ledit deffunct , chacun des heritiers eſt tenu paier le tout, ſauf ſon recours contre ſes coheritiers.

CxxIII.

ET quand ils ſuccedent les vns aux meubles acqueſts & conqueſts , les autres aux propres, ou qu'ils ſont donataire ou legataires vniverſels de tous leſdicts meubles ou acqueſts , ils ſont tenus entreux contribuer au payement des debtes, chacun pour telle part & portion qu'il en amande. En quoy ne ſont comprins les aiſnez en ligne directe, leſquels , pour leur droict d'aineſle, ne ſont tenus des debtes perſonnelles en plus que les autres coheritiers.

CXXIIII.

EN ſucceſſion collaterale, quand il y a maſles & femelles, ſuccedans en fief & roture , chacun paye pour portion de l'emolument. CXXV.

LES parens & lignagers des gens d'Egliſe ſeculiers leur ſuccedent. CXXVI.

RELIGIEVX & religieuſes profez ne ſuccedent à leurs parens, y les monaſteres pour eux : Et ſi aucun entre en Religion auec profeſſion , ſans auoir auparauant diſpoſé de ſes biens, ayant attaint l'aage cy deſſus prefix & preſcript pour ce faire : ſes plus prochains parens ſuccedent eſdicts biens, ainſi & en la maniere que s'il eſtoit mort naturellement.

CXXVII.

L'ONCLE ſuccede a ſon nepueu auant le couſin
germain

germain. **C x x V I I I.**

L'ONCLE & le nepueux d'vn deffunct qui n'a delaissé frere ny sœur, succedent esgallement : comme estans en mesme degré : & sans que audict cas il y aye representation.

C x x I x.

FRERES & sœurs, supposé qu'ils ne soient que de pere ou de mere ; succedent egalement auec les autres freres & sœurs, de pere & de mere, a leurs freres ou sœurs, en meubles, acquests & conquests immeubles.

C X x x.

CE que dessus a lieu aux oncles & autres parens collateraux qui ne sontioincts que d'un costé.

C x x x I.

L'HERITIER en ligne directe qui se porte heritier par benifice d'inuentaire, n'est exclus par autre parent qui se porte heritier simple.

C X X X I I.

LE mineur qui se porte heritier simple, ne peut exclure l'heritier par benefice d'inuentaire, qui est en plus proche degré. *Mais bien* **C X X X I I I.** *En Ligne Collaterale.*

L'HERITIER par benefice d'inuentaire, ou Curateur aux biens vacans d'vn defunct, ne peut vendre les biens meubles de la succession, ou curatelle, sinon en faisant publier la vente deuant la principale porte de l'Eglise de la parroisse, ou le deffunct, demeuroit, a l'yssue de Messe parochialle, & delaissant vne affiche contre la porte de la maison du deffunct. **C X X X I I I I.**

SI le bastard delaisse enfans nez & procreés en loyal mariage lesdicts enfans luy succedent : & reciproquement luy eux, au cas de leurs predecez, selon le contenu au ceut troisiesme article ci dessus.

C X X X V.

ET hors le cas dessusdict, Bastard n'est habile a succeder s'il n'a esté legitimé du consentement de ceux, de la succeceſſion deſquels eſt queſtion.

De Garde noble & bour-
CEOISE.
GXXXVI.

IL eſt loiſible au pere , mere ayeul ou ayeule, nobles , de-meurans dedans la ville de Calais ou dehors , accepter la garde noble de leurs enfans apres le treſpas de l'vn deux.

CXXXVII.

PAREILLEMENT eſt permis audiſt pere & mere bourgeois dudiſt Calais , prendre & accepter la garde bour-geoiſe , & adminiſtration de leurs enfans mineurs , apres le decez de l'vn deux.

CXXXVIII.

LE Gardien noble demeurant hors ladiſte ville de Ca-lais , ou dedans icelle , & pareillement le gardien bourgeois a l'adminiſtration des meubles , & faiſt les fruiſts ſiens durant ladiſte garde de tous les immeubles , tant heritages , que ren-tes , appartenans aux mineurs aſsis en ladiſte ville ou dehors, a la charge de payer & acquiter par lediſt Gardien les debtes & arrierages des rentes que doibuent leſdiſts mineurs : les nourrir, alimenter , & entretenir , ſelon leur eſtat & qualitez: payer & acquiſter les charges annuelles que doibuent leſdiſts heritages. Et iceux heritages entretenir de toutes reparations viageres, & en fin deſdiſtes gardes, rendre leſdiſts heritages en bon eſtat.

CXXXIX.

LESDICTES garde nobles & bourgoiſe , durent aux enfans maſles , iuſques a quatorze ans : & aux femelles , iuſ-ques a douze ans finis & accomplis : Le tout pourueu que leſdiſts pere & mere , ayeul ou ayeule ne ſe remarient. Au-quel cas la garde eſt finie.

LA

CXL.

L A garde noble ou bourgeoiſe ſe doibt accepter en iugement, & eſt tenu le Gardien, noble ou bourgeois faire faire
inuentaire : Et outre celuy qui a la garde bourgeoiſe doibt
bailler caution.

CXLI.

PENDANT ladicte garde noble ou bourgeoiſe, ſont
eſleuz Tuteurs & Curateurs auſdicts mineurs, ſi beſoing eſt,
pour intenter, defendre & deduire les actions reelles & perſonnelles autres que pour les fruits & reuenus, eſcheuz pendant ladicte garde : Et leſdits Gardiens, n'eſtant Tuteurs, ne
les peuuent intenter ne deduire. *Leſdittes actions.*

CXLII.

C E L U Y qui a la garde noble ou bourgeoiſe, peut eſtre
Tuteur ou Curateur, & ſont les deux qualitez compatibles
en vne meſme perſonne.

De Retraict lignager.

CXLIII.

QVAND aucun a vendu & tranſporté ſon propre
heritage a perſonne eſtrange de ſon lignage, du coſté & ligne dont ledict propre heritage luy eſt venu
& eſcheu par ſucceſſion : le parent & lignager dudict vendeur, du coſté & ligne dont eſt venu & eſcheu ledict heritage : Pourueu qu'il ſoit fils, frere, oncle, nepueux, couſin-
germain ou iſſu de germain, ou en degré de parenté pareil
& ſemblable aux ſuſdict, peult & luy eſt loiſible de demander auoir par retraict lignager icelui heritage, dedans l'an &
iour que l'achepteur aura notifié & inſinué ſon contract
d'acquiſition au Greffe royal de ladicte ville de Calais en
rembourſant le dict achepteur de ſon ſort principal & loyaux
couſts. Et doit l'adiournement en ladicte matiere de retraict
eſtre faict & l'aſſignation eſchoir dedans l'an & iour de la-
D iij

dicte

diᶜte notification.

CXLIIII.

L'A N du retrait court tant contre le maieur, que le mineur, fans efperance de reftitution.

CXLV.

S I aucune perfonne acquiert vn heritage propre de fon parent, du cofté & ligne dont il eft parent, & il vend lediᶜt heritage : tel heritage chet en retraiᶜt: Auquel cas le peu auffi retraire le premier vendeur, comme ne l'ayant au precedent mis hors la ligne.

CxLVI.

E N matiere de retraiᶜt lignager, font deuz les fruiᶜts du iour de l'ardiournement, & offre de bourfe, deniers, loyaux coufts, & a parfaire.

CXLVII.

L E Retrayant auquel l'heritage eft adiugé par retraiᶜt, eft tenu payer & rembourfer l'achepteur des deniers qu'il a payez au vendeur pour lachapt dudiᶜt heritage, ou configner les deniers, au refus dudiᶜt achepteur, iceluy deuement appellé a veoir faire ladiᶜte confignation : Et ce dedans vingt quatre heures apres ledit retraiᶜt adiugé par fentence, & que l'acheteur, aura mis fes lettres d'acquifition au Greffe, partie prefente, ou appellee : & outre quil aura affermé le pris s'il en eft requis, Et pareillement rembourfer les frais & loyaux coufts de l'acquifition, dedans vingtquatre heures apres la liquidation, d'iceux : Autrement & faute de ce faire, dedans lediᶜt temps, & iceluy paffé, lediᶜt retrayant eft decheu dudiᶜt retraiᶜt.

CXLVIII.

L'HERITAGE retiré par retraiᶜt lignager eft tellement affeᶜté a la famille, que fi le retrayant meurt, delaiffant vn heritier des acquefts & vn heritier des propres, tel heritage doibt appartenir a l'heritier des propres, de la ligne dont eft venu & yffu lediᶜt heritage, & non a l'heritier des acquefts

quests. En rendant toutesfois, dans l'an & iour du decez, aux
heritiers defdicts acquefts, le pris dudict heritage.

CXLIX.

QUAND le lignager d'vn vendeur d'heritage faict adiourner l'achepteur d'iceluy heritage pour l'auoir par retraict il conuient que au premier adiournement il offre bourfe, de-nier, loyaux coufts, & a parfaire : s'il ne le faict il doibt eftre debouté dudict retraict.

[annotation dans la marge : Il faut et sçauoir des mefmes mon- / par la demande / Libellée et qu'il soit denommé au recordé]

[annotation : L'Exploit d'aiournement, et qu'il soit denommé et signé du tesmoin.]

CL.

LE parent lignager, qui premier faict adiourner en matiere de retraict, & pourfuit fans fraude, doibt eftre preferé a tous autre eftans en pareil degré Mais le plus prochain parent du cofté & ligne, venant auant l'execution reelle & actuelle dudict retraict, & rembourfement de lacquerreur, eft preferable au moins prochain, encores qu'il ait preuenu.

CLI.

LES heritiers du vendeur, apres fon trefpas, peuuent retraire l'heritage propre par luy vendu : pourueu qu'ils foient du cofté & ligne, & y viennent dedans l'an & iour, comme deffus.

CLII.

LES biens acquis par pere, mere, ou autres parens, venans par fucceffion a leurs enfans, ou autres heritiers, font propres aufdits enfans, ou autres heritiers, & font fubiects a retraict, s'il font par eux vendus.

[annotation : Sont dites propres naiffance]

CLIII.

QUAND aucun a efchangé fon propre heritage alencontre d'vn autre heritage, ledict heritage eft propre de celuy qui la eu par efchange, & s'il le vend, il chet en retraict.

CLIIII.

CHOSES mobiliaire ne chet en retraict.

CLV.

EN efchange, s'il y a foulte excedant la valeur de la moictié, l'heritage eft fubiect a retraict pour portion de la foulte : Mais fi la foulte eft moindre que ladicte moictié, n'y a

lieu

lieu au retraict.

CLVI.

DVRANT l'an & iour du retraict , l'achepteur ne peut faire aucun bastiment, n'y reparations, s'ils ne font neceffaires & par auctorité de Iuftice.   Pareillement ne peut empirer l'heritage : & s'il le faict , eft tenu le reftablir.

CLVII.

SI aucun vend l'ufufruit de fon propre heritage a perfonne eftrange, ledict vfufruict : ne chet en retraict. *Sinon le doüaire de la femme Suiuant l'art 65.*

CLVIII.

LOGES, boutiques, eftaux, places publiques, acheptees du Roy & efcheuës en fucceffion , font fubiectes a retraict.

CLIX.

PROPRE heritage vendu par decret en iugement par criees & fubhaftations, chet en retraict.

CLX.

VN heritage propre adiugé par decret fur vn curateur aux biens vaccans , ou fur heritier par benefice d'inuentaire. eft fubiect a retraict.

CLXI.

MAIS l'heritage d'acqueft d'un deffunct , adiugé fur le curateur aux biens dudict defunct, n'eft fubiect a retraict. *pource qu'il ne fait Souche.*

CLXII.

L'HERITAGE adiugé fur vn curateur eftably a la chofe abandonnee, n'eft fubiect a retraict. *D'autant que la chofe abandonnée n'apartient a perfonne.*

CLXIII.

PORTION d'heritage venduë & adiugee a vn eftranger, par licitation , pour impoffibilité , ou incommodité de partage , n'eft fubiecte a retraict.

CLxIIII.

QVAND aucun heritage propre eft acquis durant & conftant le mariage de deux conioincts , dont l'vn d'iceux eft parent lignager dudict vendeur , du cofté, dont ledict heritage

ritage appartenoit au vendeur , tel heritage ainſi vendu , ne
giſt en retraiƈt durant & conſtant ledit mariage : Mais apres
le treſpas de l'vn deſdiƈts conioinƈts, la moitié dudiƈt heritage giſt en retraiƈt, alencontre de celuy qui n'eſt lignager , ou
ſes hoirs , s'il ne ſont lignagers dudiƈt vendeur , du coſté &
ligne dont lediƈt heritage appartenoit a iceluy vendeur : Et ce
dedans l'an & iour du treſpas du premier mourant deſdiƈts
conioints : ſuppoſé que le contraƈt d'acquiſition euſt eſté no-
tifie & inſinué durant iceluy mariage : en rendant & payant
par le Retrayant la moiƈtié du ſort principal , fraiz , & loyaux
couſts.

CLXV.

QUAND l'acquereur qui n'eſt en ligne, a des enfans qui
ſont en ligne, retraiƈt n'a lieu.

CLXVI.

SI par partage l'heritage ſort hors la ligne , il eſt ſubieƈt
a retraiƈt pour moitié : Pourueu toutesfois que le Retrayant
ait intenté ſon aƈtion , & ſur icelle proteſté dedans l'an du decez de celuy des deux conioinƈts qui luy eſt parent.

CLXVII.

QVAND pluſieurs heritages, dont les aucuns ſont ſubi-
eƈts a retraiƈt lignager , & les autres non, ſont vendus par vn
meſme contraƈt , & pour vn meſme pris , le Retrayant ne
peut auoir que ceux qui ſont de ſon eſtoc & ligne : L'eſtimation , deſquels doit eſtre faiƈte a l'eſgard du pris dont le tout
eſt vendu , & a la valeur & priſee de chacun deſdiƈts heritages : Et neantmoins peut l'achepteur , ſi bon luy ſemble, laiſ-
ſer le tout audiƈt retrayant , lequel en ce cas eſt tenu prendre
le tout & rembourſer le pris total.

CLXVIII.

SI le proprietaire d'aucun immeuble a luy eſcheu par
ſucceſſion de pere & mere,& qui auoit eſté acquis par leſdiƈts
pere & mere , en faiƈt vendition a perſonne eſtrange , le lignager du coſté du pere, ne peut retirer que la moitié , venant

E du

du cofté dudit pere & , celuy du cofté de la mere peut retirer lautre moitié : Mais fi l'vn des deux ne vient au retraiƈt , l'autre eft tenu retirer le tout , fi bon femble a l'achepteur luy delaiffer : Autrement n'eft receu a retraiƈt.

CLXIX.

QVI n'eft habile à fucceder, comme vn baftard, ne peult venir au retraiƈt liguager.

De Seruitutes & Rapports de efgards
ET EXPERTS.

CLXX.

EN toutes matieres fubieƈtes a vifitation , les parties doibuent conuenir en iugement d'efgards ou experts, & gens a ce cognoiffans , qui font le ferment pardeuant le Iuge. Et doibt eftre le rapport apporté en Iuftice , pour en plaidant ou iugeant le proces , y auoir tel efgard que de raifon: Sans qu'on puiffe demander amandement. Peut neantmoins le Iuge ordonner autre ou plus ample vifitation eftre faiƈte, s'il y efchet. Et où les parties ne conuienent de perfonnes , le iuge en nomme d'office.

CLXXI.

ET font tenus lefdits Efgards , experts, & gens cognoiffans faire & rediger par efcript , & figner la minute du rapport fur le lieu , & parauant qu'en partir , & mettre a l'inftant ladiƈte minute és mains du Clerc qui les affifte : lequel eft tenu dedans les vingt quatre heures apres deliurer dediƈt rapport aux parties qui l'en requierent.

CLXXII.

VEVES efgoufts, cloacques, entrees, iffues, & enclaueurs, & autres droiƈts de feruitute , ne s'acquierent par la longue iouyffance qu'elle qu'elle foit, fans tiltre, encores que l'on en ait iouy par cent ans : Mais la liberté fe peut reacquerir contre le tiltre de feruitute, par empefchement , ou aƈte contraire

re a ladicte feruitute , continué par trente ans , entre aagez &
non priuilegiez.

CLXXIII.

QVICONQUE a le fol , appellé l'eftage du rez de
chauffee d'aucun heritage , il peut & doibt auoir le deffus &
deffoubs de fon fol, & peut edifier par deffus & par deffoubs, &
y faire puits efances , & autres chofes licites , s'il n'y a tiltre au
contraire.

CLXXIIII.

QVI faict eftable contre vn mur moitoyen , il doibt faire
contremur de huict poulces defpoiffeur , de hauteur iufques
au rez de la mangeoire.

CLXXV.

QVI veult faire cheminee & attres contre le mur moitoyen , doibt faire contre mur de thuillots , ou autre chofe fuffifante , de demy pied, defpoiffeur.

CLXXVI.

QVI veult faire forge , four , & forneau contre le mur
moitoyen , doibt laiffer demi pied de vuide & interualle entre
deux du mur du four , ou forge : doibt eftre ledict mur d'vn
pied defpoiffeur.

CLxXVII.

QVI veut faire aifances de priuez, ou puits contre vn mur
moitoien , il doibt faire contremur d'vn pied defpoiffeur, Et où
il y a de chacun cofté puits , ou biens puits d'vn cofté & aifances de l'autre fuffit qu'il y aye quatre pied de maffonnerie defpoiffeur entre deux , comprenant l'efpoiffeur des murs d'vne
part & d'autre : Mais entre deux puits fuffifent trois pieds pour
le moins.

CLxxVIII.

CELVY qui a place , iardin , ou autre lieu vuide , qui
ioint immediatement au mur d'autruy , ou a mur moitoy-
en , & il veut faire labourer & femer, il eft tenu faire contremur de demy pied defpoiffeur : & s'il a terres iectiffes , il

E ij   eft

DE SERVITVTES ET RAPPORTS

eſt tenu faire contre mur d'vn pied d'eſpoiſſeur.

CLxxIx.

TOVS proprietaire s de maiſon en ladicte ville , ſont tenus auoir latrines & priuez ſuffiſans en leur maiſons, ſi la commodité du lieu le peut porter.

CLXXX.

SI aucun veut baſtir contre vn mur moitoyen , faire le
peut, en payant moictié, tant dudict mur, que fondation d'i-
celuy, iuſques a ſon herbergé. Ce qui eſt tenu payer parauant
que rien demolir, ne baſtir. En l'eſtimation duquel mur , eſt
compris la valleur de la terre , ſur laquelle eſt ledict mur fon-
dé & aſſis : au cas que celuy qui a faict le mur, l'ait tout prins
ſur ſon heritage.

CLxxxI.

IL eſt loiſible a vn voiſin haulſer à ſes deſpens le mur moitoyen entre luy & ſon voiſin ſi hault qui bon luy ſemble , ſans
le conſentement de ſondict voiſin , s'il n'y a tiltre au contraire:
en payant les charges : Pourueu toutesfois que le mur ſoit ſuffiſant, pour porter le rehauſſement : Et s'il n'eſt ſuffiſant faut
que celuy qui veut rehauſſer, le face ſortifier : & ſe doibt prendre l'eſpoiſſeur de ſon coſté.

CLXXXII.

SI le mur eſt bon pour cloſture, & de duree, celuy qui veut
baſtir deſſus, & demolir ledict mur ancien, pour n'eſtre ſuffiſant pour porter ſon baſtiment , eſt tenu de payer entierement
tous les frais, & en ce faiſant ne payera aucunes charges : Mais
s'il s'aide du mur ancien, payera les charges,

CLxxxIII.

LES charges ſont, de payer & rembourſer par celuy qui
ſe loge & heberge ſur, & contre le mur moitoyen, de ſix toiſes
l'vne , de ce qui ſera baſty au deſſus de dix pieds.

CLxxxIIII.

IL eſt loiſible a vn voiſin ſe loger, ou edifier au mur com-
muu & moitoyen , d'entre luy & ſon voiſin , ſi haut que bon

luy

luy femblera , en payant la moictié dudict mur moitoyen , s'il
n'y a tiltre au contraire.

CLxxxV.

EN mur moitoyen ne peut l'vn des voifins fans l'accord &
confentement de l'autre , faire faire feneftres , ou troux pour
veuë en quelque maniere que ce foit, a voirre dormant ou autrement.

CLxxxVI.

MAIS fi aucun a mur a luy feul appartenant, ioignant fans
moyen a l'heritage d'autruy , il peut en iceluy mur auoir en
haut feneftre, lumieres ou veuë : C'eft a fçauoir quant au premier eftage, au deffus de cinq pieds trois poulces, a prendre du
rez de chauffee, & terre, fi ledit eftage n'a d'exhaufement que
neuf pieds & au deffoubs : & fi ledict eftage en a dix pieds de
hauteur, ne peut auoir fefdites veuës que au deffus de fix pieds
& non plus bas. Et quant aux autres eftages peut auoir lefdictes
veuë au deffus de cinq pieds du plancher. Le tout a fer maillé
& voirre dormant.

CLxxxVII.

FER maillé , & treillis dont les troux ne peuuent eftre
que de quatre poulces en tout fens : Et voirre dormant, eft voirre attaché & fcellé en plaftre, que l'on ne peut ouurir.

CLXXXVIII.

AUCVN ne peut faire veuë droicte fur fon voifin , ne
fur places a luy appartenantes, s'il n'y a fix pieds de diftance,
entre ladicte veue & l'heritage de fondict voifin. Et ne peut
auoir bees du cofté, s'il n'y a deux pieds de diftance.

CLXXXIX.

LES maçons ne peuuent toucher ne faire toucher a vn
mur moitoyen pour le faire demolir percer, & reedifier, fans
y appeller les voifins qui y ont intereft , par vne fimple figni-
fication feulement.   Et ce en peine de tous defpens dommages & interefts, & reftabliffement dudict Mur.

CXC.

IL eſt loiſible a vn voiſin, percer ou faire percer, & demolir le mur commun & moitoyen d'entre luy & ſon voiſin,
pour ſe loger , & edifier : en le reſtabliſſant deuement a ſes de-
pens , s'il n'y a tiltre au contraire : en le denonçant toutesfois
au preallable , a ſon voiſin. Et eſt tenu faire incontinent & ſans
diſcontirnuation, ledict reſtabliſſement. *Apres La Denonciation De Nouuel oeuure.*

CXCI.

IL eſt auſſi loiſible à vn voiſin contraindre , ou faire contraindre, par iuſtice, ſon autre voiſin , a faire ou faire refaire
le mur & edifice commun, qui pend ou eſt corrompu , & d'en
payer ſa part chacun ſelon ſon heberge & pour telle part , &
portion que leſdictes parties peuuent auoir audict mur & edifice moitoien.

CXCII.

N'EST loiſible a vn voiſin mettre ou faire mettre , & loger les poultres & ſoliues de ſa maiſon, dans le mur d'entre luy
& ſondict voiſin, ſi ledit mur n'eſt moitoyen.

CXCIII.

IL n'eſt auſſi loiſible a vn voiſin mettre ou faire mettre &
aſſeoir les poutres de ſa maiſon dedans le mur moitoyen d'e -
tre luy & ſon voiſin , ſans y faire mettre iambes, parpagnes,
ou cheſnes , & corbeaux ſuffiſans , de pierres de taille , pour
porter leſdictes poultres en reſtabliſſant ledit mur : Toutesfois
pour les murs des champs ſuffit y metre matiere ſuffiſante.

CxCIIII.

AVCVN ne peut percer le mur moitoyen d'entre luy
& ſon voiſin pour y mettre & loger les poultres de ſa maiſon , que iuſques a l'eſpoiſſeur de la moictié dudict mur , &
au poinct du milieu, en reſtabliſſant ledict mur & en met-
tant ou faiſant metre iambes, cheſnes & corbeaux comme
deſſus.

CXCV.

CHACVN peut contraindre ſon voiſin a contribuer
pour faire cloſtures faiſans ſeparations de leurs maiſons,

courts

courts & iardins , affis en ladicte ville de Calais iufques a la hauteur de neuf pieds de haut du rez de chauffee , comprins le chapperon.

CXCVI.

HORS ladicte ville , on ne peut contraindre voifin a faire mur de nouuel , feparans les courts & iardins : Mais bien les peut on contraindre à l'entretenement & refections necef-faire des murs anciens felon l'ancienne hauteur defdits murs: fi mieux le voifin n'ayme quiter le droict de mur , & la terre fur laquelle il eft affis.

CXCVII.

TOVS murs feparans courts & iardins font reputez moitoyens , s'il n'y a tiltre au contraire. Et celuy qui veut faire baftir nouueau mur , ou refaire l'ancien corrompu, peut faire appeler fon voifin pour contribuer au baftiment ou refection dudict mur : Ou bien luy accorder lettres que le mur foit tout fien.

CXCVIII.

ET neantmoins és cas des deux precedens articles, eft ledict voifin reçeu quand bon luy femble a de mander la moitié dudict mur bafty , & fonds d'iceluy , ou a rentrer en fon premier droict en rembourfant moictié dudict mur & fonds diceluy.

CXCIX.

LE femblable eft gardé pour la refection , vuidanges & entretenement des anciens foffez communs & moitoyens.

CC.

FILETS doibuent eftre faicts accompagnez de pierres, pour cognoiftre que le mur eft moitoyen,ou a vn feul.

CCI.

QVAND vn pere de famille met hors de fes mains partie de fa maifon , il doibt fpecialement declarer quelles feruitutes il retient fur l'heritage qu'il met hors fes mains,ou
quelles

quelles il conftitue fur le fien : Et les faut nommément, & fpecialement declarer tant pour l'endroit, grandeur, hauteur,
mefure, que efpece de furuitute : Autrement toutes conftitu-
tions generales de feruitutes, fans les declarer comme deffus,
ne vallent.

CCII.

DESTINATION de pere de famille vault tiltre,
quand elle eft, ou a efté, par efcrit, & non autrement.

CCIII.

NVL ne peut faire foffez à eaue, ou cloacques, s'il n'y a
fix pieds de diftance en tous fens de murs appartenans aux voifins ou moitoyens.

CCIIII.

NVL ne peut metre vuidange de foffes de priuez, dans
ladicte ville.

De Prefcription.

CCV.

SI aucun a iouy & poffedé heritage ou rente, a iufte tiltre, de bonne foy tant par luy que fes predeceffeurs dont
il a le droict & caufe, franchement & fans inquietation,
par dix ans, entre prefens, & vingt ans, entre abfens, aagez &
r on priuilegiez, il acquiert prefcription dudict heritage ou
rente.

CCVI.

QVAND aucun a poffedé & iouy par luy, & fes predeceffeurs defquels il a le droict & caufe, d'heritage, ou rente a
iufte tiltre, & de bonne foy, par dix ans entre prefens, & vingt
ans, entre abfens, aagez & non priuilegiez, franchement, &
paifiblement, fans iniquietation d'aucune rente ou hypoteque. tel poffeffeur dudict heritage ou rente, a acquis prefcription contres toutes, rente ou hypotecque pretendues fur ledict heritages, ou rentes.

ET

CCVII.

ET a lieu ladicte prescription , supposé que ladicte rente soit payée par celuy qui la constituée , ou autre au desçeu du tiers detenteur : Toutesfois si le creancier de la rente a eu iuste cause d'ignorer l'alienatiõ, parce que le debteur de ladicte rente seroit tousiours demeuré en possession de l'heritage, par le moyen de location , retention d'vsufruict , constitution de precaire, ou autres choses semblables , pendant ledit temps la prescription n'a cours.

CCVIII.

SONT reputez presens ceux qui sont demeurans en la ville de Calais, & pays reconquis.

CCIX.

EN matiere de douaire , la prescription commence a courir du iour du decez du mary seulement , entre aagez & non priuilegiez.

CCX.

SI aucun a iouy, vsé & possedé, d'vn heritage ou rente, ou autre chose prescriptible par l'espace de trente ans continuellement, tant par lui que par ses predecesseurs, franchement, publiquement, & sans aucune inquietation , supposé qu'il ne face apparoir de tiltre , il a acquis prescription , entre aagez & non priuilegiez.

CCXI.

FACULTE de racheter rentes constituees a pris d'argent, ne se peut prescrire , par quelque laps de temps que ce soit : Ains sont telles rentes racheptables a tousiours , encor qu'il y ait cent ans.

CCXII.

FACVLTE donnée par contract de rachepter heritages a tousiours , se prescrit par trente ans , entre aagez & non priuilegiez.

CCXIII.

TOUTES debtes & actions personnelles se prescriuent par trente ans, contre aagez & non priuilegiez.

CCXIIII.

HYPOTEQVE ne se prescrit par l'obligé ou ses heritiers,

tiers, si non par le temps & espace de quarante ans.

CCXV.

LES Medecins, Chirurgiens, & Apoticaires, doibuent intenter leur actions dedans vn an, & apres ledict an ne sont recepuables.

CCXVI.

GENS de mestier & autre vendeurs de marchandises, & denrees en detail, comme Boulangiers, Pasticiers, Cousturiers, Selliers, Bouchers, Bourrelliers, Passemantiers, Mareschaux, Rotisseurs, Cuisiniers, & autre semblables, ne peuuent faire action apres les six mois passez, du iour de la premiere delurance de leur dicte machandise, ou denree, sinon qu'il y eust arrest de compte, sommation ou interpellation iudiciairement faicte, cedule, obligation.

CCXVII.

DRAPIERS, Merciers, Espiciers, Orfeures, & autres Marchans Grossiers, Maçons, Charpentiers, Couureurs, Barbiers, Seruiteurs, Laboureurs, & autres Mercenaires, ne peuuent faire action ne demande de leurs marchandise, salaires, & seruices apres vn an passé, a compter du iour de la liurance de leur marchandise, ou vacation, s'il n'y a cedule, obligation, arrest de compte par escrit, ou interpellattion iudiciaire.

CCXVIII.

LES Tauerniers, & Cabaretiers, n'ont aucune action pour vin ou autres choses par eux venduës en destail, par assiete en leurs maisons, aux habitans des lieux ou se tiennent lesdictes tauernes.

Des Actions personnelles &
HYPOTEQVAIRES.

CCXIX.

LES detenteurs & proprietaires d'heritages specialemēt obligez & hypotequez à aucunes rentes, ou autres charges reelles ou annuelles, sont tenus personnellement

ment de payer & acquiter icelles rentes & charges, a celuy ou ceux a qui deuz font, & les arrierages, efcheuz, de leur temps, tant & fi longuement que d'iceux heritages, ou departie & portion diceux, ils feront detenteurs & propietaires : & hypotequairement font tenus icelles payer auec les arrerages qui en font deuz. A tout le moins font tenus iceux heritages delaiffer, pour eftre faifis & adiugez par decret au plus offrant & dernier encherisseur. a faute de payement des arrierages qui en font deuz, fans qu'il foit befoin de difcution, & fi la rente eft fonciere, doit l'heritage eftre adiugé à la charge de ladicte rente.

C C x x.

QVAND vntiers detenteur d'aucun heritage eft pourfuiuy pour raifon d'vne rente, dont eft chargé ledict heritage qui luy a efté vendu fans la charge de ladicte rente, & dont il n'auoit eu cognoiffance au parauant ladite pourfuite : Apres qu'il a fommé fon garend, ou celuy qui luy a vendu & promis garentir, ledict heritage, lequel luy defaut de garentie, ledict tiers detéteur ainfi pourfuiuy peut auparauant conteftation en caufe, renoncer audict heritage. Et en ce faifant n'eft tenu de ladicte rente & arrierages d'icelles, fuppofé mefmes que les arrierages fuffent & foient efcheuz e fon temps & auant ladicte renonciation : Et apres conteftation peut le detenteur renoncer a l'heritage, en payant les arrerages de fon temps, iufques a la concurence des fruits par luy perceuz, fi mieux il n'ayme rendre lefdicts fruicts.

C C x x I.

CONTESTATION en caufe eft quand il y a reglement fur les demandes & deffenfes des parties, ou bien quand le deffendeur eft defaillant, & debouté de deffenfes.

C C x x I I.

COMPENSATION a lieu d'vne debte claire & liquide à vne autre pareillement claire & liquide, & non autrement.

F ij

RE-

DES ACTIONS PERSONNELLES.

CCXXIII.

RECONVENTION en court laye n'a lieu, fi elle ne depend de l'action , & que la demande en reconuention foit la defenfe contre l'action premierement intentee : & en ce cas le defendeur par le moyen de fes defenfes fe peut conftituer demaudeur.

CCXXIIII.

VN fimple tranfport ne faifift point , & faut fignifier le tranfport a la partie , & en bailler copie auparauam que d'executer.

CCXXV.

VN refpit ne peut auoir lieu contre le deu d'aucun adiugé par fentence definitiue & contradictoire , louage de maifon, arrierages de rentes, moiffon de grain , & debtes de mineurs contractees auec les mineurs, ou leurs tuteurs , durant leur minorité.

CCXXVI.

MEVBLES n'ont point de fuite par hypoteque , quand ils fontmis hors de la poffeffion du debteur Mais tant qu'ils fe trouuent en la poffeffion d'iceluy peuuent eftre prins , par execution : Nonobftant toutes alienations , & tranfports defdicts meubles que le debteur en pourroit auoir faict.

CCXXVII.

TOVTESFOIS les proprietaires des maifons de ladicte ville & fermiers des champs , peuuent fuyure les biens de leurs locatifs , ou fermiers prins par execution a la requefte d'autres creanciers , encores qu'ils foient tranfportez : & iceux arrefter iufque a ce qu'ils foient vendus & deliurez par aucto rité de iuftice , pour eftre les premiers payez fur le pris de la vente d'iceux, pour ce quil leur fera deu de loyer ou moiffon de grain. ## CCXXVIII.

HYPOTEQVE s'acquiert par fimple conuention , ou taifiblement es cas efquels l'hypoteque taifible a lieu de droict : & ce fans autre folemnite , decret , ou namtiffement:

comme

comme femblablement s'aquiert droiⱰ de proprieté, par tra-
dition & deliurance, ou aⱰe equipollent, fans formalité, d'aucune faifine, ou defaifine.

CCxxIx.

CEDVLE priuee qui porte promeffe de payer, empor-
te hypoteque, du iour de la confeffion ou recognoiffance d'i-
celle, faiⱰe en iugement ou pardeuant Notaire, ou que par
iugement elle foit tenue pour confeffee, ou du iour de la de-
negation, en cas que par apres elle foit verifiee.

De ComplainⱰe en cas de faifine & de
NOVVELLETE.

CCxxx.

QVAND le poffeffeur d'aucun heritage, ou droiⱰ
reel reputé immeuble, eft troublé & empefché en fa
poffeffion & iouyffance, il peut & luy d'oift foy complaindre, & intenter pourfuire en cas de faifine & nouuelleté, dedans l'an & iour du trouble a luy faiⱰ, & donné audiⱰ
heritage ou droiⱰ reel, contre celuy qui la troublé.

CCxxxI.

AVCVN n'eft recepuable a foy complaindre & intenter cas de faifine & de nouuelleté, pour chofe mobiliaire particuliere : Mais bien pour meuble acceffoire a immeuble, &
pour vniuerfité de meubles, comme en fucceffion mobiliaire.

D'arreft, executions & gaigeries.

CCxxxII.

ON ne peut proceder par voye d'arreft, execution, ou
autres exploiⱰ, fur les biens d'aucuns habitans dudit
pays, n'y par emprifonnement, fans obligation, con-
demnation, deliⱰ ou quafi deliⱰ : ou qu'il aye efté permis
par Iuftice. Mais eft loifible aufdiⱰs habitans faire proceder
par voye d'arreft fur les biens de leurs debteurs forains & e-

ſtrangers trouuez en ladicte ville, encores qu'ils n'ayent cedu
le,obligation , ou comdemnation : & pareillement faire ar-
reſter leurs perſonnes par vn ſergent Royal , pour les mener
deuant le Iuge,a fin de leur pouruoir,& faire droit ſur ce qu'ils
requerront,ainſi que il appartiendra par raiſon.

CCxxxIIII.

I L eſt loiſible a vn proprietaire d'aucune maiſon par luy
baillee a tiltre de loyer , faire proceder par voye de gaigerie,
ſur les biens eſtans en ladicte maiſon pour les louages a luy
deuz.

CCxxxV.

S'I L y a des ſoubs locatifs, peuuent eſtre prins leurs biens
pour ledict loyer , & charges du bail : & neantmoins leur ſeront rendus en payant le loyer deu par eux pour leur occupa-
tion.

CCXXXVI.

E T peut le locateur contraindre le conducteur , a garnir la
maiſon louée , de meubles exploictables & ſuffiſans pour la
ſeureté de ſon louage : Et a faute de ce faire , le peut faire vui-
der & ſortir de ſadicte maiſon , par Iuſtice,encores que le louage ne ſoit expiré.

CCxxxVII.

V N E obligation faicte & paſſee ſoubs ſeel Royal , execu-
toire ſur les biens meubles,& immeubles de l'obligé.

CCxxxVIII.

L E ſemblable doibt eſtre gardé pour les obligations paſ-
ſees ſoubs ſeel authentique & non Royal : Pourueu qu'au iour
de l'obligation paſſee les parties obligees fuſſent demeurans
au lieu ou ladicte obligation eſte paſſee.

CCxxxIx.

O N n'eſt recepuable a proceder par voye d'arreſt,ſaiſie execution , ou empriſonnement , en vertu d'obligation ou ſentence , ſi la choſe ou ſomme pour laquelle on veut faire ledict
exploict , n'eſt certaine & liquide en ſomme ou eſpece. Et ne-

antmoins

antmoins ſi l'eſpece eſt ſubiecte a appreciation,on peut executer & adiourner a fin d'apprecier.

CCxL.

OBLIGATION paſſee par le mary,ou ſentence con-
tre luy donnée , ne ſont apres ſon treſpas executoires ſur les
biens de ſa veſue , ny des heritiers,auant que leſdictes ſentence & obligation ayent eſté declarees executoires contre eux:
Et pour ce faire les faut apeller.

CCXLI.

NEANTMOINS pour la conſeruation du deu des
creanciers, peuuent eſtre ſaiſis les biens du deffunct , & de la
communauté, & arreſtes , & commandément preallablement
faict a la veſue & heritiers.

CCXLII.

LES executans ſont tenus de faire vendre les biens dedans deux mois,apres les oppoſitions iugées,ou ceſſees.

CCXLIII.

DESPENS d'hoſtellage liurez par hoſtes a pelerins, ou
a leur cheuaux , ſont priuilegiez & viennent a preferer auant
tout autre ſur les biens & cheuaux, hoſtelez : & les peut l'hoſtelier retenir iuſques a payement , & ſi aucun autre creancier
les voulloit enleuer , l'hoſtelier a iuſte cauſe de ſoy oppoſer.

CCXLIIII.

QUI vend aucune choſe mobiliaire ſans iour & ſans terme, eſperant eſtre payé promptement , il peut ſa choſe pour-
ſuyuir en quelque lieu qu'elle ſoit tranſportée,pour eſtre payé
du pris qu'il la vendue.

CCXLV.

ET neantmoins encores qu'il euſt donné terme ſi la choſe trouue ſaiſie ſur le debteur par autre creancier , il peut empeſcher la vête,& eſt preferé ſur la choſe aux autre creanciers.

CCXLVI.

LE Creanciers qui fait premier arreſt & ſaiſir valablement
ou prendre par execution aucuns meubles appartenans a
ſon

son debteur, doibt eſtre le premier payé , quand il y a autres biens meubles ou immeubles ſuffiſans pour le payement des autres creanciers. Mais quand les biens du debteur , tant meubles que immeubles ne ſont ſuffiſans pour le payement deſdictes debtes , en ce cas chacun creancier vient a contribution, au ſol la liure , ſur les biens meubles du debteur , & n'y a point de preference ou prerogatiue pour celuy qui a fait premier ſaiſir , ny pour autre priuilegie quel qu'il ſoit , ſinon pour les deniers dotaux des femmes, & de ce qui ſeroit deu aux mineurs , pour l'adminiſtration de leur tutelle ſur les biens de leur tuteur.

CCxLVII.

E T ſi pour empeſcher la contribution ſe meut differend entre les creanciers apparans , ſur la ſuffiſance ou inſuffiſance deſdicts biens, les premiers en diligence qui prennent les deniers des meubles par eux arreſtez , doibuent bailler caution de les rapporter, pour eſtre mis en contribution, au cas que leſdicts biens ne ſuffiſent.

CCXLVIII.

L A contribution n'a lieu quand le creancier ſe trouue ſaiſi du meuble qui luy a eſté baillé en gage.

CCXLIX.

A V S S I n'a lieu la contribution en matiere de depoſt , ſi le depoſt ſe trouue en nature.

CCL.

Q V I confiſque le corps, ne confiſque les biens : Si ce n'eſt pour cas de crime de leze Maieſté diuine ou humaine , & de faulſe monnoye.

De Criées.

CCLI.

P O V R la validité des criees, des fiefs & terres nobles, ſe faut tranſporter ſur les lieux , & ſuffit ſaiſir les principaux manoirs de chacun fief, auec les appartenances & dependence de fpendences , fans qu'il foit befoin les declarer par tenans & aboutiffans, ne autrement entrer efdicts manoirs : & faut que lefdicts fiefs & terres Nobles , foient nommez tant par la main mife que en la premiere criée : & outre declarer les caufes de la faifie.

CCLII.

QVANT au terres roturiers, il les faut declarer par le menu , tenans & auboutiffans, tant par la main mife , qu'en la premiere criée, & les caufes de la faifie.

CCLIII.

QVANT vne rente conftituée par vn habitant de la ville de Calais , & pays reconquis , eft faifie & mife en criee fur le creancier de ladicte rente , & pour les debtes d'iceluy, pofé que le creancier foit demourant hors defdites ville & pays : il fuffit apres les commandemens de payer faicts a perfonne ou domicile du creancier de ladicte rente , faire les criees deuant la principale porte de l'Eglife parrochiale du debteur de ladicte rente : & faut mettre affiches , & panonceaux tant contre la maifon dudict debteur de ladite rente,que principale porte de ladicte Eglife & parroife.

CCLIIII.

QVANT aux rentes foncieres , les criées doiuent eftre faictes en la mefme forme que des heritages chargez defdites rentes , & fubiects a icelles.

CCLV.

QUANT vn office Royal eft faifi & mis en criées , faut faire les criées par quatorzaines en la parroiffe & domicile du debteur faifi , & mettre affiches & panonceaux , tant contre la principale porte de l'Eglife , que contre la maifon du debteur faifi.

CCLVI.

EN toute chofe faifie & mife en criées,faut eftablir commiffaires : Et és offices ou y a gages , fera eftably Commiffaires

DE CRIEES.

faires pour receuoir les fruicts.

CCLVII.

SI on veut s'opposer afin de diſtraire , ou adnuller ou afin de faire adiuger à quelque charge , telle oppoſition ſe doibt former auparauant l'adiudication , & non apres. Mais l'oppoſition , afin de conſeruer droict , pour eſtre mis en ordre ſur le pris, & receue iuſques a ce que le decret ſoit leué & ſellé.

CCLVIII.

TOVTEFOIS, ſi aucun auoit obmis a s'oppoſer afin de diſtraire, ou de faire adiuger l'heritage a quelque charge , il peut s'oppoſer , pour venir ſur le pris , auant le decret leué & ſellé , & non apres : & doibt ledict decret eſtre vingtquatre heures és mains du ſeelleur, auant que le ſeeller.

CCLIX.

LE ſeigneur feodal , ou cenſier , n'eſt tenu s'oppoſer aux criées , pour ſon droict de fief ou cenſiue : ains eſt etendue l'adiudication par decret eſtre faicte a la charge deſdicts droicts de fief ou cenſiue.

CCLX.

MAIS bien ſont tenus leſdicts ſeigneurs eux oppoſer pour les arrerages, ou profits de fiefs & droicts ſeigneuriaux, qu'ils veulent pretendre ſur l'heritage decreté : Et en ce faiſant & ſont preferez a tous autres creanciers.

CCLXI.

AVANT proceder a l'adiudication des choſes ſaiſies, eſt requis qui le ſaiſi ſoit adiourné parlant à ſa perſonne , pour veoir adiuger par decret , quarante iours apres le iugement donné. Leſquels quarante iours, ne courent que du iour de la premiere affiche miſe : & ou l'on ne pourroit parler a la perſonne dudict ſaiſi, ſuffit de faire l'adiournement au domicile du ſaiſi & au proſne de l'Egliſe parochiale du lieu ou l'heritage eſt aſſis, auec affiche a la principale porte de ladicte Egliſe.

LES

CCLXII.

LES oppofans aux criées, eflifans domiciles, font tenus nommer leur dict domicile, en certain lieu de ladite ville de Calais, pour eftre appellez a la diftribution du pris. Lequel domicile n'eft finy par la mort du Procureur, ou autre, en la maifon duquel auroit efté ledict domicile efleu. Et valent tous exploicts de fignifications, & autres, faicts aufdict comicile fur l'execution du decret, tant pour l'ordre, que diftribution de deniers.

CCLXIII.

LESDICTS oppofans aux criées, font tenus dans huictaine apres fignifications faictes a leurs perfonnes, ou domiciles par eux efleuz, d'apporter leurs tiltres pour fonder leurs oppofitions : a tout le moins dans vn fecond delay, qui fera encore de huictaine pour tous delaiz. A faute de ce faire, fera procedé a l'ordre des oppofans, qui auront fourny de leurs tiltres, fans auoir efgard aux hypoteques, & oppofitions des defaillans. Sur lequel ordre, le faifi, & oppofans mis en ordre ouys, dedans vn autre huictaine pour tous delaiz y doibt eftre procedé a la diftribution felon que ledict ordre aura efte faict.

CCLXIIII.

TOVTES adiudications par decret de chofe immeuble fe doibuent faire iudicairement a iour de plaids, & iceux tenans, par le Iuge general dudict Calais, ou celuy qui en fon abfence tient le fiege.

G ij   VSAN-

VSANCES PARTI-
CVLIERES DE LA VIL-
LE ET BAN LIEVE DE
CALAIS.

I.

A ville de Calais, eft ville de Loy, poli-
cée par vn Majeur, & quatre Efcheuins
qui font creés, & eftablis par priuilege
du Roy, Lefquels fe renouuellent, & font
annuellement efleuz par fuffrages & voix
commune des bourgeois, manans & habitans d'icelle ville, le premier iour de l'an,
y appellez les Officiers du Roy de ladicte ville, & felon la
forme & maniere portée par les lettres defdicts priuilege, &
arreft de la Court de Parlement, interuenu fur la verification
d'icelles.

II.

AVSQVELS Majeur & Efcheuins par lefdicts priuileges appartient la cognoiffance & iurifdiction du faict de police, auec toute coërtion & contraincte fur tous les bourgeois,
manans & habitans de ladite ville, bourg & banlieue en ce qui
depend du faict de police.

III.

SONT eftablies en ladicte ville deux foires franches en
l'an. La premiere commençant le lendemain de la fefte des
Roys, s'il n'eft iour de Dimenche. Et la feconde le quinzief-
me iour de May, qui fe tiennent hors de la ville : Et dure
chacune defdictes foires huict iours entiers & ouurables, du-

rant

rant le temps defquelles foires , tous autres marchez voifins
qui fe tiennent audict pays reconquis doibuent ceffer.

IIII.

APPARTIENT audict Majeur , & Efcheuins pour-
voir aux eftats & offices de ladicte maifon deVille,commettre
Efgards , & iurez : Et iceux deftituer en cas de faute & negli-
gence.   Et lefquels officiers , font annuellement tenus de re-
nouueller ledict ferment,par deuant celuy qui eft Majeur.

V.

ONT droict lefdicts Majeur & Efcheuins,de recevoir les
bourgeois & n'eft aucun habitant pour quelque laps de temps
qu'il euft demeuré en ladite ville , tenu ne reputé pour bourgeois,auant ladite reception , & le ferment prefté par lui pour
c'eft effect , par deuant lefdicts Majeur ou Efcheuins : Iceux
deuëment congregez , & affemblez , en l'hoftel commun de
ladicte ville. Et celuy qui requiert eftre admis au nombre &
focieté des bourgeois , eft tenu payer la fomme de vingt cinq
fols tournois , pour l'entree de ladite bourgeoifie , des droict
de laquelle il peut, en ce faifant , vfer comme les autres bourgeois.

VI.

DOIBVENT tous ceux qui fe prefentent pour eftre
receuz borgeois, rapporter atteftation vallable & fuffifante de
la Iuftice des lieux dont ils font natifs , ou bien ou ils ont faict
leur demeure, & refidence : Laquelle contiendra certificat de
leurs bonnes vies,moeurs, & conuerfation : & qu'ils n'auront
efte reprins de Iuftice , pour cas portant note d'infamie : &
qu'ils ne foyent iffus ne defcendus d'aucuns qui ayent efté
entachez de la maladie de lepre, Autrement ne feront receuz
au nombre defdicts bourgeois.

VII.

SI aucun a efté receu bourgeois,& fe depart de ladicte ville , & transfere fon domicile ailleurs, & par ce moyen demeure abfent de ladicte ville par an & iour , il pert fon droict de
bour-

bourgeoifie : duquel il ne peut plus vfer, ores qu'il retournaſt
demeurer en ladicte ville , que premierement il n'ait eſté re-
habilité & aye renouuellé ſon ſerment pardenant leſdicts Majeur & Eſcheuins.

VIII.

LES enfans des bourgeois , ſont tenus & reputés pour
bourgeois, tant & ſi longuement qu'ils ſont & demeurent auec
leur pere mere, ou l vn d'iceux. Et s'ils prenent alliance de
mariage , ils ſont tenus eux faire recepuoir , & preſter le ſerment, ſans toutesfois payer aucun droict.

IX.

EST permis & loiſible auſdicts Majeur , Eſcheuins faire tous ſtatuts & ordonnances politiques , pour le faict des
hoſtages de la peſcherie de la mer , & harenguaiſon , auec in-
ionction , commandement & contrainte ſur tous bourgeois
manans & habitans pour l'entretenement & obſeruation , deſdicts ſtatuts & ordounances , ſur les peines indictes & porteés
par icelles.

X.

SONT tenus tous marchands forains , d'aduertir leſdicts
Majeur & Eſcheuins , des marchandiſes qu'ils amenent , ou
font amener dans ladicte ville, & Haure d'icelle , auant que
les pouuoir expoſer en vente.

XI.

TOVS hoſtages pour faict de peſcherie ſont propres
audicts hoſtes bourgeois, & tranſmiſſibles , comme heritages
a leurs enfans & heritiers capables de les pouuoir tenir. Et
ne peut aucun habitant de ladicte ville , tenir hoſtage pour
le

le faict de ladicte pescherie de la Mer , ne faire Hareng for &
blanc, Macquereaux Morües , & autres poissons fallez , s'il
n'eft bourgeois,enfant , ou vefue de bourgeoiffe contenant en
viduité.

XII.

S'IL furuient procez , pour faict defdicts hoftages & pefcherie, entre l'Hofte & Bourgeois,Marinier , ou autres perfonnes que ce foit, ou qu'il y ait oppofition a l'hoftage , la cognoiffance en appartient aufdicts Majeur Efcheuins. Comme
pareillement des contrauentions faictes aufdicts ftatuts , & ordonnances defdicts Majeur & Efcheuins, fur le faict defdictes
pefcheries, & hoftages : & des iugemens qui font par eux donnez en ladicte matiere,l'appel reffortift par deuant le Iuge general dudict Calais.

XIII.

APPARTIENT aufdicts Majeur & Efcheuins re-
ceuoir les maiftres de meftiers : cognoiftre de leurs chef doeu
ures, & des debats qui fe forment fur la vifitation , & approbation d'iceux , entre les maiftres , Preuofts Iurez, oppofans
ou empefchans.   Sans toutesfois toucher aux Barbiers, Chirurgiens Apoticaires, & Orfeures.

XIIII.

COGNOISSENT lefdicts Majeur & Efcheuins, de
toutes chofes concernans le fait defdicts meftiers, & ouurages
des artifans de ladite ville. Et quant aux taux des viures victu-
ailles ,la cognoiffance du faict d'iceux appartient conioincte-
ment audict juge general,& aufdicts Majeur & Efcheuin ,lef-
quels pour c'eft effect s'affemblent aux iours & heure qu'il
appartient.   XV.

TOVTES fentences rendues par lefdicts Majeur & Efcheuins,pour le faict de la pefcherie font executoires par pro-
uifion,nonobftant l'appel,& fans preiudice d'iceluy.

Proces

Procés Verbal.

L'AN mil cinq cens quatre vingts trois le Samedy seiziesme iour d'Auril, Nous Barnabé Brisson, Conseiller du Roy en son Conseil d'Estat, & President en sa Court de Parlement de Paris : & Anthoine Iacomel, President & Iuge general de la Iustice de Calais & pays reconquis : Nous somme assemblez en ladite ville de Calais, pour proceder à la redaction des Costumes desdictes villes & pays, suyuant les lettres patentes du Roy à nous addressees : Desquelles, ensemble de nostre commission, la teneur s'ensuit.

HENRY par la grace de Dieu Roy de France & de Pologne, á noz amez & feaulx M. Barnabé Brisson, Conseiller en nostre conseil d'Estat, President en nostre Cour de Parlemét de Paris : & Anthoine Iacomel, Presidét & Iuge general de la Iustice de Calais, & pays reconquis, Salut. Nos chers & biens aimez les Majeur & Escheuins, manans & habitans de nostre ville de Calais & pays reconquis, nous ont remonstré & faict entendre, que nostre feu & tres-honoré seigneur & frere le Roy Charles dernier decedé, leur auoit permis & octroyé d'vser de la Coustume de nostre bonne ville de Paris. La quelle pour cest effect ils auroient faict voir & consulter : & pour l'introduction d'icelle, nostredict feu sieur & frere leur auroit decerné ses letres, données à Gaillon le xix. iour de May, mil cinq cens septante & vn : par lesquelles il auroit declarè, statué, & ordonné, qu'à l'auenir lesdicts supplians & leurs successeurs, seroient regis & gouuernez soubz ladicte coustume : Tout ainsi & en la mesme forme & maniere qu'en iouissent les habitans de nostre dicte ville, Preuosté & Vicomté de Paris, Sur lesquelles lettres nostre dicte Cour, auant que proceder à la verification d'icelles, auroit ordonné que les gens desdits trois Estats de la dicte ville de Callais & pays reconquis, s'assembleroient en ladicte ville, & par deuant le Iuge d'icelle, pour aduiser entre eux si ladicte Coustume, de laquelle à ceste fin seroit faite lecture en leur presence, seroit par eux receüe, obseruée, & gardee. Dont seroit fait procés verbal, & icelle renuoyé en nostre dicte court pour iceluy veu, ordonner ce qu'il appartiendroit par raison. Suiuant lequel arrest ladicte assemblee auroit esté faicte & enicelle auroit la dicte coustume esté accepté & approuué : Tellement qu'il ne reste que à la rediger par escrit, & publier sur les lieux par nostre authorité : & icelle rapporter au Greffe de nostre dite Cour.

·H   selon

PROCES VERBAL.

ſelon les formes en tel cas requiſes. Sur quoy il nous ont humble-
ment requis leur pouruoir: P o v r c e eſt il que nous deſirans le bien
& ſoulagement deſdicts, habitans, & les faire viure par bonnes loix,
ſtatus, & couſtumes, & pareillement les releuer des frais de ladicte
aſſemblee le plus que pourrons, ſuiuant la requeſte qui nous à eſté
faicte de leur part, Auons ordonne, voulons & nous plaiſt. Que vous
Preſident Briſſon, ayez le pluz promptement que pourrez ronobſtant
la ſeance & aſſiſtance que debuez pour noſtre ſeruice en noſtre dit
Parlement, en temps d'iceluy, A vous tranſporter en ladicte ville de
Calais, & illec preſent & aſſiſtant led.ct Iacomel, que auons commis
& deputé auec vous, conuoquer & aſſembler les gens des trois Eſtats
de ladite ville & Prouince : leſquelles à ce faire ſeront contraincts:
Scauoir, les gens d'Egliſe par prinſe & ſaiſie de leurs biens, temporels
& les gensLaicz par prinſe & ſaiſies de leurs biens meubles & immeubles, & ce nonobſtant oppoſitions ou appellations quelconques, &
ſans preiudice d'icelles En preſence & conſentement deſquels Eſtats
vous ferez de nouuel lire & rediger, accorder, & ſi beſoing eſt, cor-
riger, augmenter, & diminuer leſdictes Couſtumes : & de ladicte redaction & accord, enſemble des debats & oppoſitions, s'il s'en forment, en procedant par vous à la dite redaction, vous ferez vos proces
verbaux en la maniere accouſtumée. Pour leſdictes couſtumes ainſi
redigees & accordées eſtre publiees & enregiſtrées és Greffes de vo-
ſtre Cour de Parlement & du ſiege dudit Calais : Et doreſnauant
gardees & obſeruees & côme Loy & Edict perpetuel & irreuocable,
& leſquelles auons auctoriſé & auctoriſons par ces preſentes. Voulons auſſi & nous plaiſt, que leſdictes couſtumes ainſi redigees par vous
ayez à faire taxe des frais qu'il aura conuenu faire pour raiſon, & en
conſequence d'icelle redaction : Leſquelles frais voulons eſtre prins
& leuez ſur les gens des trois eſtats de ladite prouince, qui auront eſtés
conuocquez & appellez à ladicte redaction. Et ce par la contraincte,
forme, & maniere qui ont eſté cy deuant obſeruez à ladite leuee deſdicts deniers taxez en ſemblables affaires & commiſſions. De ce faire
vous donnons autorité, pouuoir, commiſſion & mandement ſpecial,
mandons & commondons à tous nos Iuſticiers, Officiers, & ſubiects,
que a vous, en ce faiſant, ſoit obey, & preſté confort & aide. Car tel
eſt noſtre plaiſir. Donné à Paris le vingt deuxieſme iour de Mars, l'an
de grace mil cincq cens quatre vingt trois, & de noſtre regne le neuf-
ieſme. Ainſi ſigné par le Roy Brulart, & ſcellé ſur ſimple queue du
grand ſeel, encire iaune.

BARNABE BRISSON Seigneur de Grauelle, Conſeiller du
Roy en ſon Conſeil d'eſtat, & Preſident en ſa Cour de Parlement à
Paris: Et Anthoine Iacomel preſident & Iuge general de la Iuſtice de
Calais, & pays reconquis, à Maiſtre Robert Moictier Licencie és Loix,
Aduocat au ſiege de Calais, tenant le ſiege de la Iuſtice dudict lieu en
l'abſence de nous Iacomel, Salut. Comme il ait pleu au Roy par ſes

lettres.

lettres patentes du vingt deuziefme iour de Mars dernier, & pour les
caufes y contenues , nous commettre & deputer pour proceder a la
redaction des couftumes de ladite ville de Calais, & pays reconquis,
ainfi que elles feront accordees & arreftees par les gés des trois Eftats
dudit pays, & par leur aduis : Vous mandons, & en vertu du pouuoir
à nous donné, enioignons, que incontinent apres ces prefentes re-
ceues, appellez ceux que pour ce faire verrez a eftre appellez , vous
ayez a vous affembler auec les autres Officiers du Roy, Practiciens de
voftre fiege, & en l'affemblee qui fera faicte, faictes mettre & rediger
par efcript lefdictes couftumes , pour les apporter au feizieme du prefent mois d'Auril, auquel iour ferez donner affignation aux gens des
trois Eftats, Scauoir eft, de l'Eglife , de la Nobleffe & autres , afin de
fe trouuer en ladicte ville de Calais, pour par leur aduis, eftre procedé
a ladicte redaction, publication, & arreft defdictes couftumes , ainfi
que fe debuera faire par raifon.   De ce faire vous donnons pouuoir.
Mandons & commandons a tous les Iufticiers, Officiers du Roy noftre Sire, que a vous en ce faifant, foit obey.   Donné foubs nos feings
& feel le premier iour d'Auril , mil cincq cens quatre vingts trois.
Ainfi figné Briffon & Iacomel , & feellé fur placart de leurs armes en
cire rouge.

E T ledict iour nous fommes tranfportez en la falle de l'hoftel
& maifon commune de ladicte ville, lieu efleu & preparé pour la conuocation & affemblee des gens des trois Eftats de ladicte ville & pays
reconquis : Auquel lieu fe font trouuez plufieurs perfonnes defdicts
trois Eftats, affemblez fuiuant, les affignations a eux baillees Et apres
que de noftre ordonnance a efte faicte lecture par le Greffier, à ce par
nous commis, defdictes lettres patentes à nous addreffantes, a efte dit
par Maiftre Thomas le Boutelier Procureur du Roy, que en vertu de
noftre commiffion , affignation auroit efté donnee aux gens des trois
eftats de ladite ville & pais reconquis audict iour, tant en particulier,
que en general à fon de trompe & cry public, & encores prefentement
au fon de la cloche de la maifon de ville , a comparoir audict lieu
pardeuant nous, requerant qu'ils fuffent appellez.   Ce que auons fait
par ledict Greffier, & fe font prefentez ceux qui enfuiuent.

PREMIEREMENT Meffire Claude André D'ormy Euef-
que de Boulongne, en perfonne : les Doyen, Chanoines & Chappitre
de l'Eglife de Boulogne , par M. Iean Falluel Docteur & Chanoine
Theologal de ladicte Eglife. M Iean Iaques Doyen & Curé d'Oye en
perfonne. Maiftre Nicolas Lauemot Doyen & Curé de fainct Tricarts : Maiftre Iean Gigault Curé de l'Eglife noftre Dame dudict Calais : Maiftre Germain Coppin Curé de fainct Nicolas de dedict Calais :
Meffire Benoift le Preftre, Curé de Marcq : frere Iean Vergeot Curé de
Guines. Maiftre Iaques de Froiffy Curé de Peuplingues : Maiftre Guy
Toupiolle Curé de Boningues : Maiftre Baude du Pont Curé de Her-
uelingan : Maiftre Richard Planchon Curé de Pihan : Maiftre Pierre
H ij   d'Authin

PROCES VERBAL.

d'Authin Curé de Boucres : Maiftre Pafquier du Bois Curé de Hames: Maiftre Anthoine Martin Cure d'andre : Maiftre Iean Faquier Curé de Balinghan, Maiftre Nicole Denel Curé de Campagne. Maiftre Iean Carbonnier Curé de Nielle. Maiftre Matthieu Cazier Cure de Fretum: Maiftre Charles Blondel Curé de Collongne. Maiftre Vincent Colinet Curé de fainct Pierre : Maiftre Nicolle du Croc Cure de Cuemp: Maiftre Iean Normant curé d'Offequerque: Maiftre Pierre Morguet, Curé de nouvelle Eglife : M. Martin Braffeur Curé de Vieille Eglife, tous en perfonne.

E T pour l'Eftat de la Nobleffe Meffire G I R A V L D D E G O V R- D A N Seigneur dudict lieu, Confeiller du Roy en fon Confeil priué, Cheualier de fon ordre, & Gouuerneur pour fa Maiefté , de la dicte ville de Calais & pays reconquis, á caufe de terres qu'il tient du Roy en cenfiue, fi uees ès paroiffes de fainct Tricarts, Marcq, Oye , & Vieille Eglife, en perfonne , Meffire Anthoine d'eftrees, Confeiller du Roy en fon confeil priuè, Cheualier des deux ordres, Gouuerneur & Senefchal de Boulongne & pays de Boulenois, a caufe des terres qu'il tient du Roy en cenfiue, fi uees en la Paroiffe de Cocquelles , comparant par M. Adam Pillet fon Procureur: Gedeon de Mouchy, Cheualier, Seigneur de Monts, à caufe de fes fiefs, terres, & Seigneuries de Calimothe & de la Chaffee en partie, par M Iean de Fleffelles fon procureur: Dame Charlotte de Fleurigny, vefue de feu Meffire Loys de Mouchy, en fon viuant Cheualier, tant en fon nom que comme ayant, la garde noble de Loyfe de Mouchy, fille dudict defunct & d'elle , à caufe des fiefs, terres & feigneuries de Rouge Chambre , & S Tricarts en partie, par ledit Fleffelles fon Procureur: Meffire Ifambert de Boftz Sieur de Martigny, Gouuerneur de la ville d'Ardres , à caufe des terres qu'il tient en cenfiue, fituees au village de Pihan , en perfonne: Gedeon de Calonne Efcuyer , à caufe de maifon & terre, qu'il tient en cenfiue en cefte ville & pays, en perfonne, & par M. Pierre Pingeon fon Procureur: Les heritiers de feu Meffire Anthoine de loingny en fon viuant Cheualier de l'ordre du Roy Baron de Bellebronne a caufe des terres qu'ils tiennent du Roy en cenfiue , es parroiffes de Marcq & Hames, par ledict Fleffelles leur procureur: Oudart Dubyes fieur de Hulz, à caufe des terres qu'il tient du Roy en cenfiue, fizes en la paroiffe d'Andres , par ledict Fleffelles fon Procureur: Dame Iehanne de Coincourt vefue de feu Loys de Hauge, en fon viuant fieur & Vicomte d'Argenthieu, tant en fon nom que comme mere, tutrice, & aiant le bail & gouuernement des enfans mineurs d'ans dudict defunct & d'elle à caufe des terres qu'ils tiennent du Roy en cenfiue en la paroiffe de Guemp, par ledict de Fleffelles fon Procureur & receueur : Henry de Boullart Efcuyer, fieur du Fay, à caufe de Damoifelle Iehanne du Brueil fa femme, pour les terres qu'elles tient en cenfiue du Roy audict pays: Philibert d'Ampôt fieur d'As & dudict d'Ampont , Loys de Chaumont fieur d'Archieulle , Pierre Hennequin

fieur

sieur de Matau,& Clichy la Garanne, heritiers , à cause de leur femmes du feu sieur du Brueil , pour les terres qu'ils tiennent du Roy en
censiue,sizes és parroises de Collongne, Guynes, Andres, & Guemp
par ledict Pillet leur Procureur: Les enfans & heritiers de feu Messire Claude Bourdin en son viuant Cheualier, Conseiller du Roy en
son Conseil priué , & secretaire d'Estat & des finances de sa Ma-
iesté , à cause des terres qu'ils tiennent du Roy en censiue , situees
en la parroisse de Peuplingues & Offequerque , par ledict Pillet leur
procureur : Giraud de Gancer sieur de Pignan , à cause des terres
qu'il tient du Roy, en censiue,situées en la parroisse de Guynes., par
ledict Pillet son Procureur: Les enfans & heriters du feu Baron dict
de Moutiellier, à cause des terres qu'ils tiennent du Roy en censiues,
audict pays , par ledict Pillet leur Procureur : Damoyselle Magda-
leine de Mont majeur Dame de la Gorge , vefue de feu Maistre E-
stienne de Roybours, en son viuant Conseiller du Roy en sa Cour de
Parlement de Daulphiné seant à Grenoble , à cause des terres qu'el-
lé tient du Roy en censiue, situées es parroisses de Fretun, S. Pierre
Oye, & Vieille Eglise, par Pierre de Guersen son recepueur : Bau-
drin de Verluzan Escuyer sieur de Colambert , à cause des terres
qu'il tient en censiue, situees en la paroisse de Campaigne par ledict
Pingeon son procureur: Iehan de Cajacq, sieur de Camyn Capitaine
de Hames , à cause des terres qu'il tient du Roy en censiue situees ét
parroisses de Sangatte & Vvaldan , par ledict Pillet son procureur:
Girault de Vaulx Escuyer, sieur des Vaulx Senicourt, à cause des terres qu'il tient du Roy en censiue situees és parroisses de Pihan, Offequerque, & Oye,par Robert Michelson : Baptista Tryon , sieur de
la Mothe, à cause des terres qu'il tient du Roy en censiue , situees en
la paroisse d'Andres, en personne : Iehan Caboche, sieur de Tingry
a cause des terres qu'il tient en censiue du Roy , sizes en la paroisse
de Guynes en personne : Heritiers de feu Porres Caboche , a cause des terres qu'ils tiennent du Roy en censiue , situées es parroisses de Boucres & Oye , par ledict Pillet leur procureur : Iaques
Flahault, fils aisne de feu Eustache Flahault, en son viuant sieur du
Choquet,ensemble ses frere & sœurs , à cause des terres qu'ils tiennent du Roy en censiue,situees en la paroisse S. Tricarts , par ledict
de Flesselles leur procureur : Nicolas de Courbots , Sergent Majour
de ladicte ville , a cause des terres qu'il tient en censiue du Roy,
sizes en la paroisse d'Andres,par ledicte Pillet son Procureur · Iehan
de Seines , a cause des terres qu'il tient du Roy en censiues , sizes en
la parroisse de Hames Par ledict Gaultier son procureur : Barthelemy Palliot, à cause der terres qu'il tient du Roy en censiue , situees
és parroisses de Heruelinguan : Claude le Moyne , sieur de Blanger-
mont , à cause des terres qu'il tient en censiue du Roy situees à Nyelles en personne : Iehan Ichiercolin,sieur de Gaillonet,a cause des terres qu'il tient en censiue du Roy , es parroisses de Guynes , Oye &
H iij
Offe-

PROCES VERBAL.

Offequerque en perfonne. Ledict Robert Michelfon, a caufe de Damoyfelle Marguerite Heurtcrel fa femme. M. Pierre Rouffel Procureur du Roy à Monstrueil, à caufe des terres qu'il tient du Rey en cenfiue, fizes & fituées audict pays en perfonne.

SONT aufli com parus les Officiers du Roy, & Practiciens de la dicte ville de Calais & pays reconquis. Affauoir, Noble homme Symon de Martines, Efcuyer, Maiftre des Eaux & Forefts dudict Calais & pays reconquis Maiftre Thomas le Bouteiller, Procureur du Roy en ce fiege de Calais. Maiftre Raoul Palliot & Iacques Martin Receueurs generaux du domiane & finances audict pays, ledict Pallior en perfonne, & ledict Martin par ledir Adam Piller fon procureur. Maiftre Iehan Gnoifnyn, Secretaire de la chambre du Roi, & contrerolleur general defdicts domaine & finances. M. Robert Moictier ancien Aduocat exercant la Iuftice en l'abfence de nous Iacomel. M. Amadis de Fiennes dit de la Planche, Adocat en la cour de Parlement, & audit fiege de Calais M. Iehan de Lattre, Aduocat audict fiege. M. Thibault Marlot Adioinct des Enqueftes dudict fiege. M. Vincent Daulphin, Garde des petits fceaux, exercant le Greffe du fiege Royal. Ledict M. Adam Piller, Procureur & Notaire Royal. M. Pierre Pingeon, Procureur, Notaire Royal. M. Pierre le Clercq, Notaire Royal, M. Iacques Guerrault, Procureur. M. Iehan de Verling, Procureur & Notaire Royal M. Anthoine Gualtier, procureur. M. Flour Deffaux, Notaire Royal, M. Claude Geneft, Notaire Royal. M. Iehan de Verlucq, aifné, commis au Greffe de l'Admiraulté. Nicolas Ringard, Charles Rambault, Iehan de Guerfen, Nicolas du Gard l'aifné, Iacques Pouchin, Claude Seruannier, Francois Boullanger, Bernard de la Barre, Iehan Deshoumels, Iehan Gaultier, Oliuier Oticquet, Nicolas du Gard le ieune Sergens Royaulx.

ET pour les tiers Eftat font comparus en perfonne, Charles Grymouft à prefent Maieur dudit Calais. Pierre de Guerfen, Philippes de Lattre, & Iacques Fourcroy, Efcheuins de ladite ville feuls Efcheuins à caufe du deceds aduenu à la perfonne du feu Claude le Roy, vn des quatre Efcheuins elleuz en la prefente année Maiftre Iehan de Fleffelles Procureur fyndic de la maifon de ville, & Notaire Royal audict Calais M. Claude Droüyn, Greffier de ladicte maifon de Ville, & procureur au fiege dudict Calais Marcq. Maffon, Argentier des deniers communs de la dicte Ville : Iehan Mont mignon, & Pierre Deftailleur Quarteniers de la dicte Ville : Pierre Champ, maiour, Iacques Vaffa, Claude Fahault, Iacques de Grizy. & M. Iaques Fauier Secretaire de la chambre du Roy, tous anciens Majeurs de ladicte Ville, en perfonnes : Anthoine Laucot Iehan Poullin, & Georges Seguin, Capitaines de la compagnie des Harquebonziers de la confraire faindte Barbe: Martin Cancheteur, Iehan Seruyn, & Iehan de Loziere, Capitaines des Archers de la confrairie S. Sebaftian, en perfones : Iehan d'Arras, Nicolas Anibert, François Charron, Iehan Hache, Anthoine Grimouft

Iehan

Iehan de Lizart, Martin Gogibus , Georges du Han , Nicolas de Breton , Philippes Deftailleur, Marguilliers de l'Eglife noftre Dame dudict Calais : Denis Hertault, Anthoine de Boully, Thomas Raoul, Pierre Cahier , jullian de Montperle , & Eftienne du Tel , tous anciens Efcheuins de ladicte ville , en perfonne : Guillaume Hertault , commis du Marguillier, en perfonne : Et plufieurs autres bourgeois & habitans de ladicte ville, en grand nombre.

LES manans & habitans du village & bourg de Guynes, par Thomas Bridon & Ioachim Leyenard, Les manans & habitans d'Oye, par Iehan Brefme & Iehan Morant: Les manans & habitans de fainct Tricartz, par Iehan Bon-temps, & Alexandre François: Les manans & habitans de Cocquelles, Par Philippes Reguier & Iehan Tocceuel. Les manans & habitans de Bouuingues Par Noël de Pont & Nicolas Binart. Les manans & habitans de Sangatte par Iehan Domet & Pierre du Puis: Les manans & habitans d'Efcalle , par Laurens & Michiel de Heudes: Les manans & habitans de Hermelinguam, par Pierre Loze & Thomas Thollemet: Les manans & habitans de Pihan, par Iehan le Roy & Eftiéne Tellier: Les manans & habitans de Boucres, par Nicolas le Gras & Philippes Branly: Les manans & habitans de Hames, par Baudin Heurterel & Iehan des Champs: Les manans & habitans de Balinghan , par Iehan de Humieres & Eftienne l'Orgnier : Les manans & habitans de Campaigne, par Oliuier Collebran & Iehan Mercier. Les manans & habitans de Nyelles , par Noël Malbault & Bertrand Mennefier. Les manans & habitans de Fretun , par Guillaume Clicquebourg & Nicolas Hermé. Les manans & habitans de Marcq, par Maurice Marefchal , & Robert Fafquelles. Les manans & habitans De Colongue, par le Curé dudit lieu & Claude Foureray. Les manans & habitans de S. Pierre, par Iehan Bernardet & Iehan Ifaac. Les manans & habitans d'Offequerque, par Iehan de Boullongne & Quentin Step Les manans & habitans de Guemp , par Riquier du Mefnil & Michiel Douain. Les manans & habitans d'Andres , par ledict Baptifte Tryon & Iehan Flamang. Les manans & habitans de Nouuelie Eglife, par Adrian Annecricq & Euftache Clay. Les manans & habitans de Vieille Eglife, par Iehan Pettre & Pierre de la Haye.

EN procedant aufquelles comparutions fufdictes, Maiftre Matthieu Rambaut a declaré qu'ils s'oppofoit, à ce que ledict frere Iehan Vergert, feuft receu prefenter, en qualité de Curé dudict Guynes , parce qu'il neftoir vray titulaire & Canonic poffeffeur de la dicte Cure, ains ledict Rambault , lequel en eft canonicquement pourueu. Auffi que ledict Vergert eft incapable de tenir Cure. Et par ledict Procureur du Roy a efté protefté, que l'appel d'aucuns cy deffus denommez, en qualité, & rág de nobles, ne leur puiffe attribuer droict de nobleffe & preiudicier aux droict du Roy , & autres nobles dudict pays. Dont luy auons octroyé acte pour luy feruir & valoir alnfi que de raifon. Pareillement ledict Fleffelles pour ledict Sieur de Mouchy, & ladicte Dame

de

PROCES VERBAL.

de Fleurigni, à protesté que l'appel desdicts Nobles ne lui puisse nuire ne preiudicier , comme estans seuls Seigneurs feodaux en ce pays par concession speciale du Roy , n'y ayant autres terres tenuesnoblement en fief, que celles qu'ils tiennent & possedent. Et par le dict Gaultier, tant pour le Lieutenant general, que Bailly de la ville de Boulongne, en vertu de la procuration speciale a luy passée , à esté protesté que la presente conuocation ne puisse nuire ne preiudicier à leurs droicts de Iurisdiction. Er par ledict Procureur du Roy a esté dict, que ladite protestation estoit friuole , parce qu'il n'y a aucuns appellez, qui ne soient notoirement du ressort, iustice & territoire dudict pays reconquis.

ONT aussi esté appellez les cy apres nommez qui ne sont comparus : Seauoir M. Fremin Boiste Curé de Sangarte, M. Iehan Broutier Curé de Cocquelles , M. Iehan Noimant, Curé d'Offquerque, Messire Loys d'Ailly, Cheualier de l'ordre du Roy sieur de Montgeron à cause des terres qu'il tient du Roy en censiue audict pays, Iehan Tingard, Hubert Genest, Iehan le Febure, Sergens Royaux , Touffaint Bidault Sergent du Domaine : Contre tous lesquels auons donné default, ce requerant ledict Procureur du Roy , Portant tel profit que de raison. Et ce faict , auons faict faire le serment aux gens desdicts trois Estats, en tel cas requis & accoustumé.

A scauoir qu'en leurs consciences & loyautez , ils bailleront leur aduis & opinions, sur ce qu'ils trouueront estre vtile , profitable & raisonnable d'estre gardé & obserue pour Coustume en ceste dicte ville & pays reconquis : cessant toute affection priuée & particuliere : ayants seulement esgard au bien public. Ce que tous ils ont promis & iuré faire.

EN apres M. Furcy de Fiennes dict de la Planque Escuyer, sieur du Monthamel, & Licencié ès loix. Aduocat en la Seneschauffée de Boulenois : à dict de la part desdicts Maieur & Escheuins, tant pour eulx , que pour la communauté desdicts manans & habitans dudict pays : Que suiuant nos lettres de Commission, ils s'estoient assemblez pour mettre & rediger par escrit , les Coustumes desquelles ils entendoyent vser à l'aduenir : & quils s'estoient en ce conformez au plus pres de la Coustume de la Preuosté & Vicomté de Paris, nouuellement redigee, comme au plus parfaict modelle qui se pouuoit proposer , y ayans seulement changé & adiousté ce que tant par interpretation, que par imitation des autres Coustumes voisines de ce pays , ils auroient trouué estre vtile & commode ausdicts habitans : dont auroit esté dressé vn cahier qu'ils nous auroit presenté , pour en estre faicte lecture : ensemble vn cahier de quelques vsances particulieres de ceste ville. Desquels cahiers & articles de Coustumes, auons commandé audict Greffier commis faire lecture en presence desdicts trois Estats Par l'aduis desquels a esté l'intitulation mise côme s'ensuit. *Coustumes de la ville de Calais & pays reconquis.* Et par ce

que

que ledict iour n'a peu eftre paracheuee la Lecture, pour aucunes dif-
ficultez qui fe font meües fur quelques articles : Nous ont les gens
defdits trois Eftats requis, remettre & côtinuer l'affignation à Mardy
prochain dixneufiefme iour du prefent moys , vne heure attendant
deux de releuee: & que ce pendant ils commettroiët & de puteroient
aucuns d'entre eux , pour, en nos prefences eftre lefdictes articles re-
ueuz, examinez, & debattus, à fin de rediger & mettre au net ce qui
feroit arrefté & accordé en ladicte affemblee. Et partant, de l'aduis
defdicts trois Eftatz , auons continué l'affignation audit iour de Mardy dixneufiefme du prefent moys , enioignans à tous de fe raffembler
audict iour, lieu & heure, pour en leur prefence eftre faicte lecture,
arreft & publication de ce qui feroit pendant ledit interualle de tems,
reueu, corrigé, arrefté & remis au net, Suyuant laquelle noftre ordonnance ont les gens defdicts trois Eftats efleu, nommé & deputé: Scauoir pour l'Eglife, ledict fieur Euefque de Boulongne , & M Iean Iaques Curé d'Oye, & Doyen de Marcq. Et pour la Nobleffe, & lefdits
Maieur & Efcheuins, & habitants de ladicte ville, ledict Furcy de la
Planque, ledict Choifnyn Coutre rolleur : ledict Guerfen, Efcheuin:
ledict Fauier, ancien Maieur: lefdicts le Clerc, Notaire Royal : Fleffelles, Procureur de ville: Drouyn, Greffier d'icelle : & Anthoine Grimouft, & autres des plus notables bourgeois qui y voudroient affif-
ter: Et par les manans & habitans defaicts villages & plat pays, comparans comme duffus, a efté efleu ledict Maiftre Amadis de la Planche, Aduocat, & Anthoine Gaultier, Procureur : En la prefence de
tous lefquels, auons vacqué a la lecture & examen de chacun article,
iufques audict iour de Mardy : Et par leur aduis arrefte le contenu
audict Cahier, & icelui difpofé & mis foubs Tiltres & Rubrices, ainfi qu'il a femblé eftre conuenable.

E T aduenu ledict iour dixneufiefme dudict moys, nous nous feri-
ons derechef tranfportez en la dicte falle de la Maifon de Ville. Ou
auons trouué lefdits trois Eftats affemblez en bon & grand nombre,
au fon de la cloche : En prefence defquels auons faict lire à haulte
voix, & intelligiblement & diftinctement, les articles dudict cahier,
felon qu'ils auroient efté paffez & accordez en ladicte affemblee, &
dreffez & difpofez par Rubriches & articles en ordre conuenable,
ainfi qu'il auroit femblé debuoir eftre faict.

E N faifant la quelle lecture, ledict Verlinq procureur de Iehan Arnoul, Fleffelles procureur de Barthelemy du Plex, heritier de Perret-
te Grymonart, Pingeon pour la vefue & heritiers de feu Michiel du
chef de la ville, & Nicolas le Rang heritiers du feu Capitaine Henry
le Rang. Ont protefté que les articles côtenus audict cahier ne puiffët
nuyre ne preiudicier aux proces & differends qu'ils ont pendant tant
en la Cour de Parlement de Paris, que en ce fiege. Et par ledict Amadis de la Planche pour Guillame Hertault , & pour Damoifelle Marguerite aux Aigneaux, vefue dudict feu Capitaine Henry, a efté pro-
I   tefté

teflé au contraire. Sur quoi auons ordonné que les articles contenus
audiĉt cahier de nouueau redigez, auront lieu à l'aduenir, fans preiu_
dice du paffé, & des procés pendans entre lefdiĉtes parties. Pareille_
ment par lediĉt Bouteiller Procureur du Roy, à efté proteflé que la-
diĉte Couftume, fignamment pour le regard du ccxl. article touchant
les confifcations, ne puiffe preiudicier aux droits du Roy: empefchant
led.ĉt article eftre receu pour Couftume. Souftenant que lediĉt arti_
cle doibt eftre reieĉté dudiĉt Cahier, comme eftant contraire aux
droiĉts & authorité du Roy. D'autant que par la Couftume de Paris
ville Capitale de ce Royaume, à l'inftar de laquelle le prefent pays
doibt eftre policé & reiglé, & aussi par la plufpart des Couftumes de
ce Royaume. *Qui confifque le corps, pour quelque caufe que ce foit, confifque les*
biens. Et par lediĉts de la Planche Aduocat, Fleffelles, & Drouyn, pour
lefd ĉts Majeur & Efcheuins, a efté diĉt que lediĉt article eft confor-
me à ce qui eft gardé & obferué au pays voifin de Boulenois. Auquel,
confifcation n'a lieu, finon *pour crime de lefze Maiefté*, & herefie. Et que le
Roy a toufiours entendu gratifier lefdiĉts manans & habitans de
ce pays de pareilles franchifes, libertez & exemptions que lefdiĉts ha_
bitans de Boullenois. Aussi que lefdiĉts habitans de cefte dicte ville
& pays, font trop plus frontieres que ceux de Boulenois. Que s'il ad_
uenoit que pour quelque fimple homicide, ou autre crime & deliĉt
les biens des delinquans feuflent confifquez, les enfans & autres pa_
rens qui deburoient fucceder, pourroient fe retirer aux pays eftran_
ges & voifins, & nuitamment & par indignation viendroient brufler
les maifons & terres que l'on auroit confifquees fur leurs parens, &
faire plufieurs autres entreprinfes au pays, au grand preiudice & in_
terreft de fadiĉte Maiefté, & des habitans dudit pays. Et ne peult lediĉt Procureur du Roy empefcher lediĉt article, attendu que fur la
fupplication que lefdits Majeur, Efcheuins & Habitans, ont cy de_
uant faiĉte au defunĉt Roy Charles, de pouuoir adioufter au cahier
de leur Couftume ledit article, fa dite Majefte ordonna par fa refpon
ce, faiĉte en fon Confeil tenu à Gaillon le dixneufiefme iour de May,
mil cinq cens feptante & vn, que l'on feroit apparoir comment ceux
dudit Boulenois & pais circonuoifin en vfoient. Qui eftoit vne taifible permiffion & conceffion: pour eftre tref-certain que de tout
temps & ancienneté ceulx dudit pays de Boullenois ont ainfi que def_
fus, iouy & vfé, vfent & iouyffent encores à prefent: ainfi qu'ils offrent
fi befoing eft informer, tant par le liure des Couftumes dudit pays de
Boullenoys, que par turbes. Sur quoi auons ordonné que lediĉt
Procureur du Roy aura aĉte de fa dite oppofition: fur laquelle ledits
Maieur, Efcheuins, & Habitans fe pouruoiront vers le Roy, pour a_
uoir plus ample & formelle declaration de fon bon plaifir & volonté
fur ce. Et cependant demourra l'effeĉt dudit article fufpendu.

E T en procedant à la leĉteure defdites vfances particulieres de la
dite ville de Calais, a efté par ledit Procureur du Roy proteflé, que le

contenu audit Cahier particulier , ne puiſſe preiudicier aux droits, authoritez & iuriſdiction du Roy, en ce que pourroit exceder le contenu aux priuileges auſdits habitans octroyez par le Roy, deuement verifiez : dont luy auons octroyé acte. Pareillement ledict M. Amadis de la Planche pour les habitans de Guynes , s'eſt oppoſé à l'article deſdictes Vſances particulieres , Portant que durant leſdictes foires de ceſte ville, tous aultres marchez doibuent ceſſer : Qui feroit un preiudice faict auſdicts manans & habitans dudict Guynes : Leſquels par priuileges & conceſſions du Roy , peuuent tenir & faire ſeoir par chacune ſepmaine marché audit Bourg de Guynes : Auſquels priuileges ne peut eſtre deſrogé par leſdictes Vſances particulieres , qui n'ont & ne doibuent auoir lieu que en ladicte Ville & banlieu d'icelle , n'y auſſi adſtraindre autres perſonnes que les manans & habitans dudict Calais , & non ceux dudict Bourg de Guynes, Sur quoy auons ordonné. Que leſdicts habitans de Guynes auront acte de leur oppoſition , & communiqueront leur tiltre de conceſſion dudict marché auſdicts Procureur du Roy & Procureur de la maiſon de Ville, pour eſtre les parties : ſur leurſdicts differends reiglez ainſi & par qui il appartiendra par raiſon.

APRES laquelle lecture & publication deſdicts articles, & approbation diceux faicte par toute l'aſſiſtance , nous auons , ce requerant ledit Procureur du Roy, ordonné, que leſdicts adiournez & appellez à la dite redaction qui n'ont comparuſné aſſiſté à icelle, durant noſtre ſeance, ſoient gens de l'Egliſe, de Nobleſſe, ou tiers Eſtat, ſeront pour le proffit du default que auons donné contre eulx , cenſez & reputez eſtre ſubiects auſdictes Couſtumes arreſtees par leſdicts trois Eſtats. Et au ſurplus, auons dit & ordonné , que leſdictes Couſtumes ſeront tant par leſdicts comparans que defaillans , entretenues, gardées & obſeruees d'oreſnauant pour Loy du pays. Et à ce les auons, en vertu du pouuoir , à nous commis & attribuè par le Roy , condamnez: En leur faiſant, & à tous Aduocats, Procureurs, & Practiciens audit ſiege, inhibitions & defences de poſer, articuler, & alleguer en iugement & ailleurs , autres Couſtumes que les ſuſdictes accordees & arreſtees : & aux Iuges & Officiers dudit Calais, de les recepuoir & d'en informer par tourbe.

ET tout ce que deſſus nous Commiſſaires ſuſdicts, certifions eſtre vray, & auoir eſté faict comme il eſt contenu en ce preſent noſtre Procés Verbal : Lequel, en teſmoignage de ce, auons ſignè de noz ſeings manuels, & ſeellè du ſeel de nos armes, les an & iour que deſſus.

Ainſi ſigné, B. BRISSON.   A. IACOMEL.

Extraict des Regiſtres de la Cour de Parlement.

APportées & preſentées par M. Barnabé Briſſon, Conſeiller du Roy & Preſident en la Cour de ceans, Commiſſaire à ce deputé par le Roi, & miſes au greffe de la dicte Cour, en la preſence du Procureur general dudict Seigneur, le Mercredy vingtieſme Iuilliet, mil cinq cens quatre vingts & trois.

Signé

DE HEVEZ.

La Mesure de terre. Au pays reconquis contient Cent
Toises, Chaque toise vingt pieds Et Chaque pied
Douze pouces.

Les terres du bas pays Ne doivent Que trois Solz
De Censives au Roy, Et point de relief. pour Mesure dite.

Il y a dans la paroisse de marc Dix milles
Mesures de terres.

Les terres du haut pays Doivent quatre Solz 3 p. mesure
De Censives au Roy.

Il y En a a la paroisse de Campagne. 832. Mesures dite.

www.ingramcontent.com/pod-product-compliance
Lightning Source LLC
LaVergne TN
LVHW012228170726
843503LV00005B/2333